本书得到"江苏高校优势学科建设工程资助项目";江苏省社会科学基金青年项目"江苏以创新型城市建设推进长三角绿色生态一体化发展研究"(21EYC002);"江苏师范大学博士学位教师科研支持项目"(21XFRS037)的资助

创新型城市
试点政策经济效应研究

胡兆廉 ◎ 著

中国财经出版传媒集团

经济科学出版社
Economic Science Press

图书在版编目（CIP）数据

创新型城市试点政策经济效应研究/胡兆廉著. --
北京：经济科学出版社，2023.8
ISBN 978 - 7 - 5218 - 2782 - 8

Ⅰ.①创… Ⅱ.①胡… Ⅲ.①城市建设 - 研究 - 中国
Ⅳ.①F299.2

中国版本图书馆 CIP 数据核字（2021）第 168229 号

责任编辑：王柳松
责任校对：刘 昕
责任印制：邱 天

创新型城市试点政策经济效应研究

CHUANGXINXING CHENGSHI SHIDIAN ZHENGCE JINGJI XIAOYING YANJIU

胡兆廉 著

经济科学出版社出版、发行 新华书店经销
社址：北京市海淀区阜成路甲 28 号 邮编：100142
总编部电话：010-88191217 发行部电话：010-88191522
网址：www. esp. com. cn
电子邮箱：esp@ esp. com. cn
天猫网店：经济科学出版社旗舰店
网址：http://jjkxcbs. tmall. com
北京季蜂印刷有限公司印装
710 × 1000 16 开 13.75 印张 200000 字数
2023 年 8 月第 1 版 2023 年 8 月第 1 次印刷
ISBN 978 - 7 - 5218 - 2782 - 8 定价：59.00 元
（图书出现印装问题，本社负责调换。电话：010 - 88191545）
（版权所有 侵权必究 打击盗版 举报热线：010 - 88191661
QQ：2242791300 营销中心电话：010 - 88191537
电子邮箱：dbts@ esp. com. cn）

前　言

创新型城市试点政策是中国为实现创新驱动发展、构建区域性创新中心、发挥创新辐射引领作用而实施的重要举措，是推动中国经济高质量发展与产业结构转型升级的重要动力。创新型城市试点政策通过引致创新要素投入增加与建设区域性创新型城市的方式，在产业层面与区域层面构建了有助于研发（R&D）创新要素投入、高技术产业集聚以及空间知识溢出的创新机制与创新环境，推进城市全要素生产率提升与产业结构升级。本书从创新型城市试点政策实施与城市产业发展的特征事实出发，对试点政策的作用机制与政策作用效果进行了研究。

创新型城市试点政策的实施，对中国城市的产业发展与空间格局演变产生了重要影响，本书运用相应的研究方法进行了识别与检验。根据本书的研究目的与研究思路，分析中国经济发展与科技创新的现实环境，并以创新型城市试点政策作为中国实施创新驱动发展战略的具体实践，阐述了本书所选取的研究方法及主要研究创新点。通过对研究文献与研究理论的分析，本书梳理了现有研究成果的贡献，并作出了相应的研究述评。结合创新型城市试点政策的实施阶段，以及城市产业发展的特征事实，本书构建了相应的理论分析框架，推导了创新型城市试点政策的作用机制并提出相应的研究假设。

在此基础上，本书选取 2003～2017 年中国 283 个地级及以上城市的数据，运用倾向得分匹配方法与双重差分估计方法，对创新型城市试点政策促进城市产业集聚发展的作用机制进行了验证。研究发现：创新型城市试点政策具有"重服务，轻制造"的产业集聚倾向，试点政策的实施能够对生产性服务业产业集聚产生明显的促进作用，但对制造业产业集聚的影响并不显著。在城市产业集聚的异质性分析上，创新型城市试点政策的实施能够显著促进中西部城市与生产性服务业集聚度较高城市的制造业发展，同时，抑制中小规模城市制造业产业集聚水平的提升。对于中小规模城市与制造业产业集聚度较高的城市，创新型城市试点政策并不能显著促进其生产性服务业的发展。进一步对创新型城市试点政策的机制分析发现，试点政策的实施能够实现全要素生产率提升与产业结构升级，其作用机制在于对城市产业集聚的促进作用。

随后，本书选取 2003～2017 年京津冀城市群、长三角城市群、珠三角城市群与长江中游城市群地级及以上城市的面板数据，运用空间杜宾模型对创新型城市试点政策通过提升创新要素资源禀赋水平，进而产生正向知识溢出效应的作用机制进行了检验。研究发现：样本城市群的经济发展水平与创新要素投入呈现显著的空间相关关系，使得创新型城市试点政策产生的空间经济效应得以发挥，并取得与地理临近关系不同的作用结果。随着创新型城市试点政策的不断推进，空间距离因素对研发创新要素投入的影响不断削弱，高技术产业研发人员的稀缺性，以及综合研发人员投入的错配问题制约着区域经济的发展。分样本城市群的异质性检验结果表明，珠三角城市群对创新要素投入增加驱动经济发展的影响主要依靠地理临近的溢出渠道，政策驱动是实现京津冀城市群、长三角城市群以及长江中游城市群创新经济发展的重要动力。

本书据此提出两个建议：一是要在考虑区域空间相关性的基础上，充分发挥创新要素投入的知识溢出效应，结合地理临近与政策溢出的作用机制，实现对区域经济发展的正向刺激。强化综合研发人员的筛选机制与流动机制，不断增加高技术产业研发人员的配置比例，实现两类研发人员的合理配置。二是继续推进创新型城市试点政策，以其在创新要素投入、产业集聚与空间知识溢出上的政策优势，推动城市全要素生产率提升与产业结构升级。通过不断营造有助于创新要素投入与创新产业发展的创新环境，结合城市异质性特征，实现城市产业集聚由"重服务，轻制造"的政策导向，不断向城市产业集聚协同发展转变，以推进新一批创新型城市试点政策的实施。

　　相比于既有研究，本书主要在四个方面进行了创新：首先，借鉴物理学中势能的概念，通过创新型城市试点政策的实施引入政策创新势能，为创新型城市试点政策联系矩阵的构建奠定基础，并从空间视角上论证创新基础设施的改善对于空间距离的影响，使得试点政策的实施能够产生相应的空间经济效应。其次，在研究方法上，本书运用双重差分法与空间计量分析法，从创新型城市试点政策实施引致创新要素投入增加的角度出发，以双重差分法验证了试点政策对城市产业集聚的影响，并以此推动了城市全要素生产率提升与产业结构升级。本书运用政策空间权重矩阵反映城市群内部创新型城市与非创新型城市之间的政策联系，以空间杜宾模型测算其知识溢出效应，并与地理临近矩阵的实证结果进行对比分析，进而得出创新型城市试点政策的经济效应。再次，在作用机制上，本书将政策指引下的创新要素投入、产业集聚与知识溢出、全要素生产率提升与产业结构升级的研究聚焦于创新型城市层面，并从理论上推导了政策引致创新要素投入增加所带来的产业集聚效应与知识溢出效应，以及由政策性技术选择导致偏向性产业集聚的作用机制。最后，以此理论分析为指导，提出了研究假设并进行了相应的实证分析，进而识别创新型城市试点政策的经济效应。

胡兆廉

2022 年 7 月

目　录

第一章 绪论

第一节 问题提出

"创新、协调、绿色、开放、共享"[①] 的发展理念,将创新摆在了五大发展理念的首要位置,凸显出创新对中国经济发展的重要意义。21世纪以来,中国经济逐步进入增长动力转换、经济结构优化及发展方式转变的攻坚时期(陈冲和吴炜聪,2019),经济高质量发展成为突破不平衡、不充分发展的重要途径(师博和张冰瑶,2018)。寻找经济增长动力是中国经济发展的基本问题,相比于传统的城镇化推动经济发展的模式,技术创新必将成为中国实现产业结构升级与经济增长动能转换的关键因素。

为有效推进创新驱动,实现经济高质量发展,全国各地区陆续将建设创新型城市提上发展日程,并加速推进创新型城市建设。《中国城市创新报告(2013)》提出,以创新基础条件、科技支撑能力、技术产业化能力、品牌创新能力为主体框架的城市创新能力评价指标体系,并在此基础上,对中国城市创新能力进行综合评价。其中,创新型城市建设的一级指标涉及创新要素集聚能力、综合实力与产业竞争力、创新创业环境、创新对社会民生发展的支撑、创新政策体系与治理架构及特色指标六个方面,分别代表了创新驱动战略具体实施的重要方面。因此,创新型城市建设将会对中国创新驱动发展战略的实施,尤其对未来城市要

[①] 2015 年 10 月 30 日,人民网,www.cpcnews.cn。

素集聚、产业升级与城市群结构变迁产生重大而深远的影响。

一、中国经济增长的动力来源

改革开放以来，城镇化的发展与城镇人口的增加为中国经济增长做出了重要贡献，来自中国城镇化推进过程与经济发展的经验，不仅可以作为改革开放与经济增长之间的现实证据，还可以回答现有的改革方式与经济增长效率之间的内在关系问题（蔡昉，2017）。在建设现代化经济体系进程中，经济体制的结构性改革是破解中国经济增长难题的关键，创新要素投入的增加与全要素生产率的提升，是推进中国经济潜在增长率的突破口（田伟，2018）。经济增长理论与相关研究文献表明，中国经济增长的奇迹源于持续的资本累积效应、人力资本外溢效应及技术效率进步效应（韩永辉、黄亮雄和王贤彬，2017），这与改革开放以来中国不断推进城镇化发展有关，因此，城市发展在中国经济增长过程中发挥了重要作用。改革开放后一段时间内，中国经济增长的动力主要源于城镇化过程中城镇人口的增加，中国国内生产总值增长率与城镇人口增长率的趋势演化，如图1-1所示。

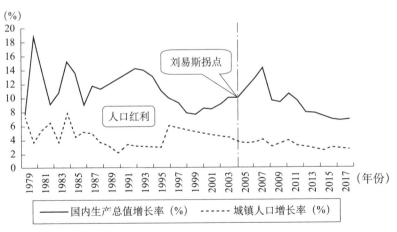

图1-1 中国国内生产总值增长率与城镇人口增长率的趋势演化

资料来源：笔者根据历年《中国统计年鉴》的相关数据计算整理绘制而得。

在 2004 年之前，中国国内生产总值增长率与城镇人口增长率的演化趋势具有一定的对应关系，有文献表示，"人口红利"是改革开放以来中国经济发展的客观必要条件（蔡昉、林毅夫和张晓山等，2018），但是，中国经济在 2004 年到达了以劳动力短缺和工资上涨为特征的刘易斯拐点（蔡昉，2017），结合二者的演化规律可以看出，2004 年后，经济增长与城镇人口增长的关系已不再显著。如果以城镇人口增长为代表的人力资本积累与物质资本积累已经不再是经济增长的动力源泉，那么，中国经济新的经济增长点在哪里？

针对中国经济发展的动力来源问题，既有研究表明，中国经济要实现长期、稳定、可持续的增长应当依靠创新驱动，社会全要素生产率提升的实现途径主要包括产业内的技术创新与产业间的结构升级（蔡昉、林毅夫和张晓山等，2018）。在经济全球化及城市群一体化的发展背景下，创新驱动发展战略已经成为世界各国、各地区参与国际竞争与国际合作的重要战略选择。产业结构升级与劳动生产率的提升是高质量发展的必然要求，简单的经济服务化或去工业化势必会导致服务业发展受阻与经济增长降速，因而创新发展并非简单的生产方式变革与产业形态转变。

当前，中国经济结构转型与产业发展仍面临着体制机制缺陷、资源环境压力、科技创新能力欠缺与政策支撑不足等现实问题，突破上述难题需要落实产业升级与技术创新两大发展目标（曹东、赵学涛和杨威杉，2012）。在中国农业与非农产业之间的要素再配置效应不断削弱的背景下，第二产业与第三产业间以及产业内部生产效率的提升是全要素生产率提升的重要来源（蔡昉、林毅夫和张晓山等，2018）。处在增速换挡期的中国经济的主要任务是对经济结构的调整与产业结构的升级，创新是经济结构性改革的重点，由产业技术创新引致的产品差异化，将会进一步引发产业竞争力变化并促进产业结构优化升级（Kallioras，2010）。因此，经济发展方式、产业结构转型需要依靠创新驱动与技术进步，中国以创新推动经济发展的动力转换与产业结构转型升级势在必行（洪银兴，2011）。

二、创新要素投入与创新驱动发展

1978～2016 年，中国研发人员规模由 33.73 万人上升至 403.36 万人，占就业人数的比重由 0.08% 上升至 0.50%，相应的研发经费支出占财政支出的比重由 1.30% 上升至 8.70%。[①] 科学技术作为驱动社会经济发展的重要因素，受到国务院、国家发展和改革委以及科技部等相关部门的高度重视，在一系列创新型政策的作用下，中国科技创新投入及产出水平得到显著提升，中国研发要素投入的趋势演化，如图 1－2 所示。可以看出，以研发人员全时当量与研发经费内部支出为主的研发要素投入，在 2004 年之前的增幅显著小于 2004 年之后的增幅，且研发经费内部支出保持高速增长态势，研发人员全时当量的增幅在 2014 年后有所减缓。

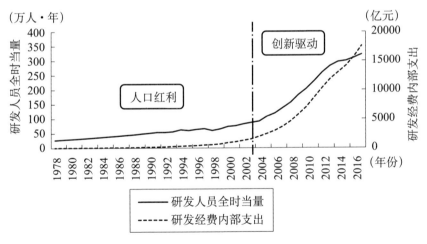

图 1－2　中国研发要素投入的趋势演化

资料来源：笔者根据历年《中国科技统计年鉴》的相关数据计算整理绘制而得。

在科技创新专利产出方面，2004 年之前，中国的专利申请受理数

---

① 资料来源：笔者根据《中国科技统计年鉴》的相关数据计算整理而得。

合计与专利申请授权数合计均无显著变化，进入 21 世纪尤其是 2004 年后，中国的专利申请受理数与专利申请授权数均出现大幅提升，中国专利申请受理数与专利申请授权量趋势演化，如图 1-3 所示。

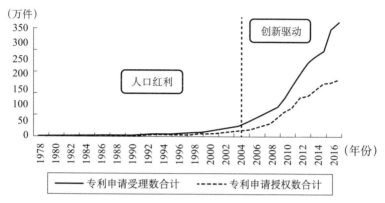

图 1-3　中国专利申请受理数与专利申请授权数趋势演化

资料来源：笔者根据《中国科技统计年鉴》的相关数据计算整理绘制而得。其中，中国研发人员数据与研发经费数据及其比重测算，源于《中国统计年鉴》与《中国科技统计年鉴》，对于缺失数据采用平均增长率法补齐。

结合图 1-1 和图 1-3 可以发现，二者间的对应关系均在 2004 年前后呈现不同的变动趋势。如果将 2004 年之前的经济增长归结为城镇化中"人口红利"的积极贡献，那么，2004 年之后，在城镇人口增长率增速放缓，即"人口红利"逐渐消失的现实背景下，城市创新发展能否成为拉动中国经济增长的动力来源？以创新要素投入增加及相应创新产出增长为特征的创新驱动战略，能否作为助推中国经济增长的新动能以刺激中国经济发展，实现既定的国家战略目标？

对中国经济与创新驱动发展的不断追问与思考，使本书发现了改革开放以来"人口红利"逐渐降低，GDP 增速不断放缓，中国经济发展进入新常态的特征事实。2010 年后，伴随着人力资本优化速度趋缓与资本报酬递减现象，中国劳动年龄人口出现负增长，相应的人口抚养比例迅速提高，致使中国经济的潜在增长率与实际增长率均下降，中国的经济增长将从"人口红利"时代转向"改革红利"时代（蔡昉、林毅夫和张晓山等，2018）。制度设计与制度创新所体现的制度质量，将成为中国经济结构性改革的关键，因此，从结构性改革视角寻求经济增长的驱动力已然成为国家关注的焦点，经济发展由数量提升转向质量优化的创新驱动发展模式势在必行。

既有研究表明，创新驱动是转变经济发展方式、调整产业结构的有效手段，其不仅能降低资源环境约束压力，克服资源稀缺性的瓶颈，而且，能够通过创新要素的集聚，激发产业转型升级的内在动力（潘宏亮，2015）。以创新驱动国内产业结构转型升级，不仅能够重塑中国产业竞争优势，符合中国未来的发展战略，而且，适应了国际产业创新的发展潮流（孙泗泉和叶琪，2015）。创新驱动发展思路，决定了中国采取创新政策推动经济高质量发展的基本路径，同时，为研究创新型城市试点政策提供了宝贵的经验。既有文献从不同方面研究了中国经济能够在改革开放后取得高速发展的原因，其中，制度经济学、发展经济学以及新经济增长理论均认为，完善有利于竞争和保护产权的政策环境与体制机制，有助于促进经济增长（蔡昉，2017）。相应地，在"人口红利"向"改革红利"与技术创新转型的时代背景下，以创新驱动为核心的发展战略，要实现既定的战略目标，延续中国经济增长的奇迹，必须在刺激经济增长的同时，兼顾中国的产业结构变革与高质量发展。因此，在实施创新型国家战略的时代背景下，经济高质量发展势必强调技术创新的重要作用，这在本质上源于创新所产生知识外溢效应的积极影响，通过强化创新主体之间的经济联系，进而构建有助于高质量发展的现代化经济体系（殷德生、吴虹仪和金桩，2019）。因此，政府如何运用适当的创新激励政策实现对经济增长与产业结构的有效刺激，已成为政策制定者与国内外学者解决的首要问题（张杰和郑文平，2018），相应的创新驱动发展战略成为中国制定一系列创新政策措施的重要依据。

在创新驱动发展战略的推进过程中，具有代表性的是创新型城市试点政策。创新型城市是在新的经济条件下，以创新为核心驱动力的一种城市发展模式，将知识经济和城市经济融合的一种城市演变形态（Diego，2016）。由中国经济增长的现实背景与创新路径选择可以看出，改革开放以来，中国经济发展方式、经济结构与经济增长动力均发生了重要变化，城镇化对经济增长的贡献逐步减弱，新一轮的产业革命与科技革命势在必行。以创新驱动发展为核心的研发要素投入与科技成果数量不断增加，并逐步成为推进创新驱动战略与实施创新型政策的重要指标，由此构成了创新型城市试点政策的宏观经济环境，进而促使本书进一步思考试点政策所产生的经济效应问题。

三、创新驱动发展战略与创新型城市建设

创新驱动及创新型城市试点政策作为国家深化体制改革，推进国民经济高质量发展的重要措施，对研发创新要素投入、产业集聚、知识溢出与结构升级具有重要的影响。在《国家中长期科学和技术发展规划纲要（2006～2020）》颁布和2006年全国科学技术大会召开后，国务院、国家发展和改革委及科技部等相继出台《中华人民共和国国民经济和社会发展第十二个五年规划纲要》《国家"十二五"科学与技术发展规划》《国家发展改革委关于推进国家创新型城市试点工作的通知》等政策性文件，确立了建设创新型城市的基本构想（方创琳、马海涛和王振波等，2014）。国家政策的不断推行，源于创新政策对城市产业发展与产业结构升级的积极影响，以及中国经济发展所面临的国际背景。21世纪初，智能化制造在全球范围内得到广泛认同并取得飞速发展，而同一时期中国的制造业在全球价值链中仍处于中低端环节，面对"人口红利"的消退及生产成本上升的双重压力，国内产业空心化现象在传统制造业中的劣势逐步显现。因此，技术创新驱动全要素生产率提升与产业结构优化升级成为未来创新型政策制定的主要方向，相应的创新型城市试点政策也得到了学术界的广泛关注。在此背景下，研究创新型城市如何推进城市全要素生产率提升、高技术产业集聚与产业结构转型升级，具有重要的现实意义。

从创新型城市建设的国内背景来看，创新型城市分布于中国的31

个省（区、市）①，涉及 78 个城市。2016 年国家发展和改革委与科技部共同印发的《建设创新型城市工作指引》，明确了十大重点任务，分别涵盖改革政策落地、创新要素集聚、创新成果转化、创新企业培育、创新载体建设、创新人才激励、创新服务完善、创新投入驱动、创新生态营造与创新对社会民生的支撑等主要方面，为创新型城市的进一步发展提供了支持。② 在时间维度上，中国经济发展与政策实施的时间延续性，不可避免地对发展方式产生影响，粗放型经济增长对要素投入的依赖模式，限制了产业结构的进一步转型与发展（刘瑞明和赵仁杰，2015；陶长琪和彭永樟，2017）。因此，创新型城市试点政策要求各创新型城市结合自身特色，利用区域的优势创新资源，探索符合城市发展特色的道路，推进城市自主创新发展。

如果创新型城市试点政策能够凭借创新要素投入的产业集聚效应，强化产业关联并产生积极的知识溢出效应，促进城市全要素生产率提升与产业结构升级，那么，以城市创新要素投入增加，推动产业集聚与产业结构升级的政策效应强度如何？究竟是城市间的地理邻近还是创新型城市试点政策的支持推进了区域经济发展，并产生了知识溢出效应？基于创新型城市与非创新型城市间的对比分析以及区域内部的对比分析，是否由创新型城市的确立产生了特殊的创新效应，进而实现了城市的产业集聚与结构升级？基于上述思考，本书提出了研究创新型城市试点政策经济效应的问题，并以国家发展和改革委及科技部共同确定的创新型城市为研究样本③，探索创新型城市试点政策实施以来，推进创新型城市创新要素投入增加的产业集聚效应、促进创新型城市的空间知识溢出效应，以及由此实现的城市全要素生产率提升与产业结构升级。创新型城市试点政策并非某一产业或技术领域的具体政策，而是以政策试点的

---

① 由于数据可得性，中国的 31 个省（区、市）的数据未包括中国港澳台地区的数据。

② 《科技部 国家发展改革委关于印发建设创新型城市工作指引的通知》。https://www.most.gov.cn/xxgk/xinxifenlei/fdzdgknr/fgzc/gfxwj/gfxwj2016/201612/t20161213_129574.html。

③ 需要说明的是，对 2018 年增补的 17 个创新型城市，试点建设时间较短，因此，本书所讨论的创新型城市为 2016 年创新型城市名单中的 61 个城市。

形式在部分城市进行建设,因此,本书的核心问题,正是该试点政策所产生的经济效应。

第二节 研究意义

一、理论意义

自 2008 年深圳市被确立为国家首个创新型城市以来,截至 2018 年底,先后有 78 个城市获批创新型城市,中国在创新型城市建设上已经积累了较多的经验。在理论研究上,有关创新要素投入增加推进产业集聚与知识溢出,及技术创新引致全要素生产率提升与产业结构升级两方面的理论成果较为丰硕,但涉及创新型政策的经济效应研究及由此引发的创新路径与创新机制的探索较少,因此,本书以创新型城市为研究样本,研究创新型城市试点政策实施所产生的经济效应问题,具有一定的理论意义。城市作为社会经济及产业发展的重要载体,承载着资源要素集聚、产业结构升级、人民生活改善与社会繁荣进步的基本职能。技术进步与产业结构升级作为中国由技术大国与制造大国向技术强国与制造强国迈进的重要标志,主要依托国内的城镇化发展与现代化经济体系建设。城市作为创新要素及产业技术的集聚体,在一定程度上影响地区技术创新与产业结构变革的进程与发展方向。中国的城市发展与产业集聚主要依托国内的要素供给与技术创新,同时,产业结构升级与城市发展也是中国走向世界,参与国际竞争与合作的重要影响因素。国际贸易的需求与冲击将会促进国内产业结构调整,而国内的产业结构也会对中国在国际市场中的产业竞争力及贸易结构产生影响。创新型城市试点政策作为当前中国推进城镇化发展与技术创新的重要举措,其对于创新资源与创新要素的整合能力及相应的政策效果值得深入研究。相比于全球发达国家的创新型城市建设,中国的理论推进与研究进展尚处于初级阶段,相应的理论研究体系尚未完善,这也导致了创新型城市试点政策效应尚无法判定，进而影响对政策的评估及后续创新型城市建设的推进。

基于此，本书的理论意义在于，将创新要素投入增加引致的产业集聚效应与试点政策实施产生的知识溢出效应进行整合，从理论上构建了创新型城市试点政策经济效应的机制分析框架，并由此分析其对全要素生产率提升与产业结构升级的影响。既有研究分别涉及产业集聚与知识溢出及技术创新与产业结构升级两个领域，较少从创新型城市试点政策的经济效应角度出发，将二者纳入统一的理论框架进行阐释。本书通过分析创新要素投入增加引致的产业集聚效应，及试点政策知识溢出的作用机制，探索创新型城市以政策指引促进产业结构升级与全要素生产率提升的影响机理，为新一批创新型城市试点政策的实施提供理论依据。另外，本书结合创新型城市建设的政策要求与实证研究结论，提出创新型城市试点政策的优化方向，进一步强化试点政策的理论指导意义。

在分析创新型城市试点政策理论机制的基础上，结合相关的新经济增长理论、增长极理论、产业结构理论与空间经济学理论，提出本书的研究思路与研究假设，并从实证层面检验创新型城市试点政策的作用机制，为创新型城市试点政策的进一步实施提供可靠的理论参考。通过对产业结构升级与全要素生产率提升作用机制的分析，本书发现了创新型城市试点政策将通过产业集聚的中介影响，进一步促进创新型城市的产业结构升级与全要素生产率提升的理论路径。

二、现实意义

创新驱动作为经济社会发展的重要驱动力，在深化供给侧结构性改革，构建现代化经济体系中发挥着重要作用。城市作为技术创新的空间载体，对吸纳技术创新人才，加速创新要素集聚，实现中国经济高质量发展具有重要价值。"发展是第一要务，人才是第一资源，创新是第一动力。"① 进一步明确了创新与人才对于经济发展的重要意义。这对吸纳技术创新人才，加速高技术产业集聚，实现中国经济高质量发展产生了重要影响。尤其是在当前国内产业结构变革与技术创新发展的关键时期，探索创新要素及创新资源对于产业结构及技术创新的政策作用效应具有一定现实意义。创新型城市试点政策作为中国实施创新驱动发展战略以及建设创新型国家的重要支撑，自 2008 年实施以来所产生的经济效应有待检验。创新型城市作为整合创新资源要素的试点样本，具有明确的建设目标与功能定位，在《建设创新型城市工作指引》中进行了详细阐述，并分别回答了创新型城市的要素集聚、全要素生产率提升与产业结构升级的基本问题，因此，研究创新型城市通过创新要素投入增加推动产业集聚及对城市产业升级与全要素生产率提升的积极作用，有助于未来进一步推进创新型城市试点政策。

　　本书的现实意义在于，为明确当前创新型城市的发展现状，进一步探索创新型城市在创新要素投入、产业集聚与产业结构升级上的优势与问题，进而为提升创新型城市产业集聚能力，促进城市全要素生产率提升，选择城市的产业发展路径提供重要依据。技术创新作为促进产业发展的重要动力，实施创新型城市试点政策是实现中国产业结构升级、经济转型发展及提高城市创新能力的重要渠道。一个国家的发达程度取决于其技术创新实力，一个城市的竞争力强弱同样由城市的创新水平体现。因此，研究创新型城市试点政策的经济效应，能够为提高城市创新能力、实现城市产业集聚、推进产业结构升级提供有益的帮助。但中国区域发展不平衡，各地区在要素投入、产业集聚与产业结构，以及城市创新体系与城市群特征等方面存在较大差异，这些因素都会影响创新型城市试点政策的进一步实施。

　　新一批创新型城市建设工作即将开展，本书对创新型城市试点政策

---

① 2018 年 3 月 7 日新华网，https：//www.gov.cn/xinwen/2018 - 03/07/content_ 5272045. htm。

所产生的经济效应研究，将在一定程度上对未来系统性推进创新型城市高质量发展提供有益的经验借鉴。创新型城市试点政策的实施不仅是推进城市创新要素投入增加与产业集聚，实现城市全要素生产率提升与城市产业结构升级的重要途径，而且，在更深层的意义上，也是服务于经济高质量发展及创新型国家建设的关键措施。技术创新与城市发展促使资本、劳动力和技术等生产要素在区域间加速流动并持续积累，进而不断向周边区域扩张。城市创新要素在空间上的集聚能够增强城市主体的创新优势，实现城市空间协同发展，进而为后期提升创新型城市的发展质量提供支持。

第三节　研究目的、研究内容与技术路线

一、研究目的

创新被认为是向高质量发展迈进的重要动力，在发展方式转变与增长动力提升过程中，创新驱动经济高质量发展的重要意义在于推动城市产业升级与产业结构转型，在经济增长方式上应当利用技术创新与城市发展的优势，向创新驱动与人力资本积累转变。这表明，对于创新型城市试点政策经济效应的研究，应当重点聚焦于创新型城市发展过程中对于创新要素投入与产业集聚的影响及试点政策实施对全要素生产率提升与产业结构升级的作用。

创新型城市试点政策的推进与发展，是回答经济发展核心动力的基本问题。中国经济增速放缓的一个重要因素，是需要处理好中长期的结构性改革与短期政策效应间的互动关系，突破这一困境需要实现创新驱动的双重促进作用，即在应对短期不确定性的同时，实现经济向中长期高质量发展迈进。创新型城市试点政策的具体内涵涉及创新要素投入、产业集聚、全要素生产率提升与产业结构升级等多个领域，因此，试点政策并非某一具体领域的措施，而是通过政策试点建设的方式，选取一

些在驱动区域经济创新发展上具有突出贡献的城市，以此推动城市创新发展。

本书的研究目的是基于创新型城市试点政策在驱动城市创新发展上的重要意义，从创新型城市的特征事实出发，借鉴相关理论指导，构建符合试点政策的理论分析框架，进而运用相应的实证分析方法，研究试点政策的实施对于创新型城市所产生的经济效应，并验证本书的理论假设。本书研究的政策为国家发展和改革委与科技部实施的一系列创新型城市试点政策，其经济效应包括创新型城市试点政策通过促进创新要素投入的增加，在推进城市产业集聚与知识溢出及全要素生产率提升与产业结构升级上的效应。

二、研究内容

第一章，基于中国经济增长与创新驱动发展的现实特征，从中国经济结构转型的宏观环境与创新驱动发展的路径选择出发，对中国经济发展的总体要求与创新型城市的建设背景进行分析。根据中国经济增长与城镇化发展的演化趋势，发现在"人口红利"时代后，技术创新发展逐步成为中国经济增长的动力源泉，继而阐释了创新型城市试点政策在促进创新要素集聚与产业结构转型中的重要意义。在此基础上，以创新型城市试点政策为例，分析了国家在技术创新要素投入、科技创新成果及创新型政策方面的基本情况，共同构成了本书的研究背景。随后，从理论与现实两个方面阐释研究意义，明确主要内容与研究目的，构建研究的基本框架及技术路线图，并根据研究需要确定研究方法，对创新型城市试点政策的经济效应进行分析，提出本书的主要研究创新点。

第二章，从创新型城市试点政策的概念内涵、创新型城市的演化模式及技术创新引致的产业集聚与产业结构升级两个角度出发，梳理既有文献并作出研究述评。基于创新型城市概念内涵与演化模式的研究，明确了创新型城市的内涵界定与发展趋势，对研究创新型城市试点政策的实施阶段，识别创新型城市的特征事实，实证分析试点政策的经济效应作出了积极贡献。随后，通过梳理新经济增长理论、空间经济学理论、增长极理论、产业结构理论、创新系统理论，构建了创新型城市试点政策经济效应分析的理论框架，为识别创新型城市在创新要素投入与产业集聚上的特征事实提供了理论依据。

第三章，对创新型城市试点政策的实施阶段与相应的创新型城市分布、创新要素投入及产业发展特征进行了分析。依据创新型城市试点政策的推进将创新型城市的发展分为三个阶段：试点探索阶段、全面建设阶段与高质量发展阶段。随后，分析了创新型城市建设过程中，在创新型城市分布与创新要素投入、制造业产业集聚与生产性服务业产业集聚，及产业协同集聚与产业结构升级三个方面的特征事实，为后续的作用机制分析与研究假设的提出指明了方向。

第四章，对创新型城市试点政策所产生的经济效应进行理论分析，并根据理论分析结果提出研究假设。本章以创新要素投入与城市产业发展的特征事实为依据，结合创新型城市试点政策的实施阶段与既有研究文献和理论基础，重点从试点政策以创新要素投入增加引致的产业集聚效应和知识溢出效应，以及由产业集聚促进全要素生产率提升与产业结构升级三个方面进行阐释。在创新型城市的知识溢出效应中，本章分别从创新要素投入的空间相关性、创新型城市的空间溢出效应及知识溢出的数理关系三个方面进行分析，并提出相应的研究假设，为后续实证检验创新型城市的知识溢出效应提供经验借鉴。随后，结合创新型城市试点政策的偏向性技术选择模式，提出了城市产业集聚与产业协同发展的研究假设，进而通过产业集聚的中介作用，分析了创新型城市建设对全要素生产率提升与产业结构升级的作用机制，并提出相应的研究假设。

第五章，选用双重差分估计方法，对创新型城市试点政策实施所产生的产业集聚效应进行测算。首先，本章从准自然实验的视角出发，将创新型城市试点政策作为驱动创新型城市产业集聚的核心因素，构建相应的双重差分模型；其次，本章对模型的逆向因果关系进行排除，并检验样本的平行趋势与动态效应，在此基础上，本章对实证分析结果进行稳健性检验，以增强实证分析的可信性；最后，根据研究假设，对城市产业集聚的协同性与异质性进行分析。

第六章，运用空间计量分析方法，通过构建空间杜宾模型，验证创新型城市以创新要素投入增加产生的知识溢出效应。首先，基于创新要素投入的空间特征，选取了京津冀城市群、长三角城市群、珠三角城市群与长江中游城市群作为本章的研究样本，分析城市群在区域经济发展与创新要素投入中的空间相关性，并据此构建空间杜宾模型；其次，基于前述研究假设对样本城市群进行空间经济分析，并对创新型城市建设所产生的知识溢出效应进行分解与测算；最后，根据创新型城市知识溢出效应的分析结果，对样本城市群进行稳健性检验与异质性分析。

第七章，检验创新型城市试点政策在城市全要素生产率提升与产业结构升级上的经济效应。首先，继续运用双重差分估计方法测算创新型城市试点政策的经济效应；其次，排除创新型城市试点政策与全要素生产率提升、产业结构升级的逆向因果关系，并运用工具变量法进行内生性检验；最后，对创新型城市试点政策以产业集聚推进城市全要素生产率提升与产业结构升级的机制进行检验，进而印证研究假设。

第八章，总结全书的研究结论，并得出政策启示。根据研究结论与政策建议，展望未来的研究方向。

第四节　研究方法

一、文献分析法

文献分析法是在分析研究背景、提出研究问题、明确研究目的的基础上，针对所研究的内容搜集该领域的文献研究资料，逐步明晰研究对象的概念内涵与研究基础的分析方法。学术研究的逻辑起点与基础源自对既有文献的分析，其有助于梳理相关研究内容的初始概念，明确研究主体并把握研究内容的发展动态。对于学术研究中有关创新型城市的文献，本书以科学严谨的态度归纳既有研究成果，并作出相应的文献评述。这使本书能够明确研究内容的理论基础与发展脉络，有助于构建相关概念的理论联系与机制分析框架。另外，文献分析法能够通过不同的研究视角呈现学术界的研究进展与争论焦点，以更有针对性地发现并解决问题。本书正是基于当前中国创新型城市试点政策的现实问题，立足创新型城市的产业集聚、知识溢出与结构升级等核心概念，梳理国内外研究成果与相关文献及理论基础，进一步明晰研究主体的逻辑关系与本书主要的研究创新点。文献分析法为发现研究领域的不足，推进此领域的研究进展，以及对研究结果进行理论分析提供了帮助。

二、理论分析法

理论分析法是在提出研究问题并发现研究主体相关特征事实的前提下，运用逻辑思维与数理推导的方式，梳理研究问题与特征事实之间的客观规律与内在联系的分析方法。在既有研究理论的基础上，本书分别运用假设推理、归纳演绎、类比分析等研究方法，构建数理分析模型，将理论基础与实证检验相结合，为定量化的实证分析提供可靠的依据。通过对既有研究文献与理论基础的梳理，结合城市创新要素投入与产业发展的特征事实，对创新型城市试点政策如何推动产业集聚、知识溢出与结构升级的作用机制进行理论推导。随后，分别从创新要素投入的产业集聚效应与创新型城市试点政策实施的知识溢出效应两个方面，对试点政策推动全要素生产率提升与产业结构升级的方式进行理论分析。在创新型城市试点政策实施产生的知识溢出并促进经济增长的作用机制分析中，本书从政策指引促进创新要素投入增加出发推导出研发创新要素由非稳态均衡到稳态均衡过程中所释放的知识溢出效应，同时，结合前述产业集聚对全要素生产率提升与产业结构升级的现实影响进行分析。

三、空间计量分析法

空间计量分析法主要用于研究城市及区域主体间的空间效应问题，空间计量经济学常用构建空间权重矩阵的方法来刻画空间经济关系，以空间统计方法对模型进行估计、测算与检验。空间计量经济学的突出优势在于，将模型测算与空间数据相互融合，这是其能够识别并刻画空间经济效应的重要依据。本书运用空间计量分析方法，选取空间杜宾模型对创新型城市创新要素投入的空间相关性及空间溢出特征进行识别和测算。作为创新型城市试点政策经济效应分析的重要部分，微观创新要素的空间相关性与知识溢出效应的空间计量分析和测算，为后续分析创新型城市的空间布局及溢出方式的差异提供了重要依据。

四、双重差分分析法

衡量创新型城市试点政策的经济效应是本书的核心问题，其基本思路为通过比较创新型城市与非创新型城市，以及创新型城市在政策实施前后的经济效应变化，判别该政策的实际效用。但是，在创新型城市试点政策实施前后，创新型城市与非创新型城市之间会有其他不随时间变化的因素影响其他城市的产业集聚水平或产业结构，这种异质性偏差将直接影响评价结果。另外，同一时期各城市出台的其他政策，可能对未实施创新型城市试点政策的城市产生影响，进而低估或者高估试点政策的经济效应。考虑到以上因素可能对实证结果产生的影响，本书采用双重差分分析法（DID）测度创新型城市试点政策实施的经济效应。基于双重差分分析法对创新型城市所产生经济效应的测算，结合倾向得分匹配方法从对照组中找出与创新型城市相近的参考样本以消除样本的选择性偏误，能在较大程度上确保评价结果的稳健性。

五、工具变量分析法

在对创新型城市试点政策的经济效应分析中，如果存在某些因素对城市的设立产生影响，同时，上述因素又对创新型城市的产业集聚水平、全要素生产率与产业结构水平具有一定作用，这一内生性问题将会导致本书的核心解释变量估计结果出现偏误。因此，要消除上述质疑，有效地估计创新型城市试点政策实施的经济效应，应当寻找一个与残差项不相关且与内生变量高度相关的工具变量，以确保基准回归结果的稳健性。既有研究文献表明，历史事实不会对当前的经济变量产生影响，满足了工具变量选取的外生性要求，因此，从历史数据角度寻找工具变量是既有研究文献的普遍做法。创新型城市的设定，能够激发创新型城市的创新产出增加与产业集聚发展，相应的城市创新企业数量能够在一定程度上反映创新型城市试点政策实施的强度，同时，在历史上也出现了较多中华老字号企业延续至今，因此，本书选取创新型城市中华老字号企业数量作为创新型城市试点政策实施的替代变量进行工具变量分析。

第五节　主要的研究创新点

当前，有关创新型城市的研究文献多为概念内涵、演化路径分析，或从技术创新视角研究产业集聚对产业结构升级与全要素生产率提升的促进作用，少有从政策实验视角对创新型城市试点政策的经济效应进行研究。城市发展的基本路径在于其创新要素投入、产业集聚、知识溢出、产业结构升级与全要素生产率提升，而创新型城市试点政策为本书的研究提供了良好的样本，本书主要的创新点有以下三个方面。

首先，从空间视角论证了由创新型城市试点政策实施引致的创新要素投入增加使得试点政策取得超越空间地理距离的经济影响，进而对周边地区产生知识溢出效应。在此基础上，借鉴物理学中势能的相关概念，通过对创新型城市试点政策作用机制的分析，将创新势能的概念引入城市空间关系中，为知识溢出效应的测算与政策矩阵的构建奠定了基础。同时，在理论分析与实证检验部分，通过空间杜宾模型验证了创新势能的空间溢出机制与传统的地理邻近与空间距离溢出机制具有异质性，研究发现，政策性知识溢出与地理邻近性溢出是创新型城市释放创新效应的重要渠道。

其次，通过创新要素投入增加促使产业集聚实现全要素生产率提升，以及技术创新推动结构升级的研究聚焦于创新型城市层面，并以产业集聚为纽带使二者融合，形成本书的理论分析框架。本书通过对创新型城市经济效应的分析，将政策指引下的创新要素投入与政策性创新系统的构建纳入知识扩散的模型体系中，并综合新经济增长理论与空间经济学的理论基础，探讨创新型城市的知识溢出机制。结合创新型城市试点政策的技术选择特征，推导出创新型城市试点政策引致的产业集聚模式为偏向于生产性服务业的产业集聚模式。创新型城市试点政策通过产业集聚的中介作用，实现了城市全要素生产率提升与产业结构升级，本书据此对试点政策作用机制进行了检验。

最后，分别运用空间计量分析方法与双重差分分析方法，从创新要素投入的产业集聚效应与知识溢出效应两个视角，对创新型城市试点政策的经济效应进行分析与验证，提出了分析试点政策有效性的新思路。本书运用双重差分分析法与工具变量分析法对创新型城市试点政策的产业集聚效应进行分析，在此基础上运用政策空间权重矩阵，反映城市群内部创新型城市之间以及创新型城市与非创新型城市之间的政策联系，以空间杜宾模型测算城市创新要素投入的知识溢出效应，并验证产业集聚对全要素生产率提升与产业结构升级的影响，反映了一种分析政策驱动促进经济发展的新思路，通过创新型城市试点政策的实施驱动相应的要素有序流动，改变创新型城市的要素集聚度与产业生产效率，从而提升创新型城市的产业集聚水平，推进城市全要素生产率提升与产业结构升级。

第二章 文献综述与理论基础

创新型城市建设作为城镇化发展以及技术创新推动经济增长的重要途径，相关的研究文献主要分为两类：一类文献是从新型城镇化建设角度出发，将创新型城市试点政策作为新型城镇化推进过程中的重要一环，研究创新型城市内涵与外延的概念界定、创新型城市的演化路径与发展模式，梳理相应的理论基础并为未来的政策制定提供参考；另一类文献是从创新要素投入增加产生的产业集聚效应与知识溢出效应，以及技术创新推动全要素生产率提升与产业结构升级角度展开，并根据知识溢出与技术创新引致的生产效率提升与产业结构升级的关系，探索如何通过创新要素投入增加促进相关产业集聚与产业结构升级。结合理论分析发现，利用创新型城市试点政策增加创新要素投入的方式，实现对产业集聚与知识溢出的积极影响，推动城市全要素生产率提升与产业结构升级，正是创新型城市试点政策制定与全面建设的基本逻辑，因此，本章将从上述两个研究脉络对相关文献进行梳理。

第一节 有关创新型城市的研究

创新型城市试点政策作为中国实施创新驱动发展战略的重要举措，能够通过试点政策实施过程中的产业集聚效应与知识溢出效应，推动城市全要素生产率提升与产业结构升级。对创新型城市相关研究文献的梳理，能为本书对创新型城市试点政策演进历程的分析与创新型城市特征事实的识别提供重要支持，同时，为进一步分析试点政策所产生经济效应的理论机制提供指导，因此，本节从创新型城市的概念界定与创新型城市的演化模式两个方面对相关研究文献进行梳理。

一、创新型城市的概念界定

创新型城市的具体内涵是创新型城市试点政策实施的核心，是本书进行经济效应分析的首要概念，只有明确了研究主体的内涵界定，才能实现对创新型城市经济效应的准确测算。外文文献对创新型城市的内涵界定，主要从科学研究、创新结构与技术进步对城市产业的影响出发。雅各布（Jacobs，1969）认为，创新型城市的内涵应当重点涵盖具有科技创新能力，尤其是一些在产业结构中实现技术创新突破的城市。利弗（Lever，2002）进一步细化城市自主创新的概念，并将学习与创新作为创新型城市的核心概念，通过全民学习与创新应用，拓展新兴技术打造终身学习的创新环境。佐尔坦（Zoltan，2010）认为，高科技产业的发展是创新型城市试点政策的基本内涵，科技合作作为实施创新型城市试点政策的重要方式，能够将高科技产业与城市发展相互联系，推动城市产业创新发展。霍斯珀斯（Hospers，2003）从知识经济出发，认为鼓励科学研究、知识培育、技术创新及创造力是创新型城市的核心概念。在此基础上，兰德利（Landry，2008）提出，创新型城市的内涵特色在于激发组织、经济、金融及文化等创新要素的连锁反应，改变现有的产业结构。可以看出，创新型城市的内涵概念多为学术界早期的研究成果，迭戈（Diego，2016）研究了创新与城市的关系，认为创新型城市的内涵在于新兴事物不断出现并高度融合的城市自主创新形式。

中文文献针对创新型城市的研究成果不断涌现，虽然有关创新型城市的概念界定仍然呈现多维视角，但从研究方向来看，主要是从宏观层面和微观层面开展。在创新型城市试点政策的微观层面上，既有文献分别从城市创新模式、产业特征、创新要素投入等视角阐释了创新型城市的现实内涵。王秋影、吴光莲和庞瑞秋（2009）通过分析特定的创新型城市发展模式，形成对创新型城市内涵的界定。张文雷、姜照华和李苗苗等（2010）与贺小桐（2014）通过确定创新型城市的经济特征定义创新型城市的内涵范畴。杨华峰、邱丹和余艳（2007）归纳了有关创新型城市的结构要素，从构成要素角度对创新型城市进行定义。胡晓辉和杜德斌（2011）通过对创新型城市的系统分析，突出其在产业集聚及资源整合方面的功能，形成对创新型城市的内涵界定。

与此同时，也有部分中文文献从宏观视角，通过对创新型城市的创新系统、发展模式及动力机制的分析，对创新型城市的内涵进行了界定。霍丽和惠宁（2006）强调自主创新是创新型城市的本质特征，认为创新型城市的内涵在于，以高校、创新企业及科研机构为创新核心，以政府推动为重要动力，形成一个完整的自主创新系统。陈潇潇和安同良（2016）强调了自主创新的重要性，同时指出，创新型城市的内涵在于自主创新的主导性、科技进步的驱动性、创新文化的基础性，并在此基础上形成了良性的城市生态系统。

在发展模式方面，杨冬梅、赵黎明和闫凌州（2006）从创新型城市的创新发展模式切入，认为创新制度、创新资源、创新主体及创新文化构成了创新型城市的核心内涵。胡钰（2007）从国内典型创新型城市出发，总结了深圳模式、上海模式及大连模式的发展特征，认为创新型城市的内涵表现为较好的科技基础、较大的科技投入、较完善的创新制度、较强的创新能力及全面的社会经济发展能力。代明和王颖贤（2009）从创新型城市的发展理念着手，认为创新型城市是一个具有良好的创新文化与创新环境，并充分利用城市创新资源，以此为基础形成创新主体实现创新效率提升的创新系统。

从上述有关创新型城市内涵的研究文献可以看出，中外文研究文献各有侧重，中文文献聚焦于从微观的创新要素与宏观的创新系统两方面对创新型城市的内涵进行界定，这为本书后续深入分析创新型城市的要素投入模式、创新环境建设、创新型城市特征事实的识别与创新机制检验提供了有益借鉴。

二、创新型城市的演化模式

除了上述有关创新型城市内涵的研究外，创新型城市的发展模式及其演化路径，同样是分析创新型城市试点政策的重要依据及明确未来政策指引的发展方向，因此，中外文文献在创新型城市的发展模式与演化路径上，进行了相应的研究探索。在此领域的研究中，纳普哈德（Naphade，2011）系统梳理了城市与创新的关系，认为创新引发的经济集聚是创新型城市试点政策实施的核心。基于此，罗德里格斯（Rodriguez，2014）从城市竞争出发，认为创新型城市的演进源自科技进步引发的城市竞争，市场的新观念及新模式为创新型城市的发展提供了现实路径。

莫拉（Mora，2019）对欧洲部分城市的创新路径与演化模式进行了研究，并依据城市的发展能级提出了相应的创新发展建议。外文文献中有关创新型城市的演化模式分析，偏重于技术选择、经济集聚或创新驱动，以此形成城市特定的技术创新路径。弗拉纳根（Flanagan，2011）对世界城市技术创新的路径进行了分析，发现企业的科技创新活动得到了政府科技创新政策的支持，因此，其创新路径与政府政策关系密切。这一结论与库兹涅佐（Kuznetsova，2017）的研究结果相吻合，研究发现，创新型城市发展的基本路径依赖于不断完善的创新推进政策与创新基础设施，同时，其强调持续的人力资本投入与创新经费投资的重要性。

杨冬梅、赵黎明和闫凌州（2006）通过梳理创新型城市的理论内涵及演化路径，分别将创新型城市发展模式归纳为市场主导型、政府主导型及混合发展型三种路径。这与白永秀和赵勇（2006）的研究较为类似，后者根据创新投入要素在创新型城市试点政策中所发挥的主导作用不同，将创新型城市分为技术创新型城市、制度创新型城市、知识创新型城市及产业创新型城市。胡钰（2007）则从城市技术创新模式出发，依据国内创新型城市发展的基本路径，将其归纳为以坚持自主创新与应用为导向的上海模式，以资源整合、引进技术消化创新为特色的大连模式和以高新技术产业为主体，提升城市集聚创新能力的深圳模式，为梳理创新型城市的实施阶段提供了帮助。

2008 年，深圳市获批中国首个创新型城市，中外文文献开始广泛关注中国的创新型城市试点政策问题。奥康纳（O'Connor，2010）对上海市的城市创新发展路径进行分析，发现制度、文化、政策等因素是影响城市创新发展路径的主要原因。在创新型城市试点政策的实施积累了发展经验后，张文雷、姜照华和李苗苗等（2010）基于早期设立的创新型城市的研究发现，科研机构及高校作为创新的重要源泉，与作为创新发展主体的高新技术企业共同构成了创新型城市发展的两种基本模式。辜胜阻等（2016）通过分析深圳市在创新型城市方面的建设经验，认为金融支持体系、人才激励机制、创新文化环境、企业家精神是形成创新生态的根本路径。既有文献关于创新型城市内涵界定与演化路径的研究表明，政策指引下创新要素投入的差异和建设模式的不同是创新型城市建设的主要区别，对于特定创新要素及创新环境的建设是驱动创新型城市发展的重要动力，为后续研究提供了重要支撑。

既有研究较少关注创新型城市建设过程中，偏向性技术选择所产生的经济效应问题（曾婧婧和周丹萍，2019），仅有部分文献研究了这一政策实施所产生的经济效应。如武倩和冯涛（2020）研究发现，城市生产率的提升是驱动经济发展的重要动力，创新型城市试点政策的实施产生了积极的生产率效应。曾婧婧和周丹萍（2019）研究表明，创新型城市试点政策推动了城市创新绩效的提升，是一种以创新驱动为核心动力，以创新要素集聚与产业结构升级为基本路径的新型城镇化模式。因此，本书将基于对创新型城市研究所发现的特征事实，从创新要素投入与空间经济溢出、技术创新引致全要素生产率提升及产业结构升级三个方面，对相关文献进行梳理与述评。

三、创新型城市的评价体系

创新型城市在设立之初就设定了相应的创新指标评价体系，用以引导和推动创新型城市试点政策的实施，国家创新型城市评价指标体系不同于创新活动评价指标体系，也不同于创新能力评价指标体系，它是应以自主创新活动和自主创新能力建设为重点的指标评价体系。因此，不同文献依据创新型城市的特征，设定了不同的指标评价体系。石忆邵（2008）从技术创新、知识创新、制度创新、服务创新、文化创新及环境创新六个方面，遵循综合性原则、可操作性原则和引导性原则，以及评价指标选取的主要依据，设计创新型城市的综合指标评价体系对北京、上海、深圳三个创新型城市进行评价，并指出其指标评价体系的设计主要有三大特点：一是传统的创新环境主要考虑了宏观经济环境、产品和要素市场环境、基础通信设施三个方面，其增加了资源消耗状况和污染物减排状况等评价指标，体现了城市经济发展方式转变和可持续创新的现实需要；二是兼顾了创新型城市的创新要素集聚与技术扩散的双重功能性指标，突出了以技术创新为核心、以企业为主体、各种创新主体相互结合、协同创新的创新网络特征；三是综合考虑了创新型国家和创新型企业的主要评价指标，体现了宏观层面、中观层面和微观层面的有效结合与互动特性。

更进一步地，创新活动具有明显的区域化特征，继国家创新系统被提出后，区域创新系统引起了学术界和政府部门的普遍关注。因此，有学者结合国家发展和改革委与科技部对于创新型城市建设的认定标准，提出了一组包括创新体系、创新基础条件、创新资源集聚、创新效率、创新效益、创新支撑引领功能、创新辐射示范作用七大方面共 41 个分项指标的评价体系，并对相关指标设置了阈值。其中，创新体系的建设分别包括创新体制机制、创新主体及产学研合作三个方面；创新基础条件囊括了经济基础、教育基础、信息化条件、社会文化四个方面；创新资源集聚由政府资源集聚、资金集聚、人才集聚和技术集聚四个方面组成；同时，包含了创新效率、创新效益、创新支撑引领功能、创新辐射示范作用角度（宋河发，2010）。

在上述基础上，李琳等（2011）对不同区域创新型城市之间的空间差异进行了比较分析，尝试构建创新型城市竞争力评价指标体系，并对中部创新型城市——长沙与东部地区主要城市创新竞争力进行定量评估和动态对比分析，揭示了主要城市创新竞争力的动态变化特征及长沙创新竞争的比较劣势。同时指出创新型城市的评价指标体系应考虑城市的竞争力，创新型城市竞争力是由四种能力要素构成的综合能力，在四种能力要素中，创新资源整合力是基础，创新环境支撑力是保障，创新主体交互作用力是核心，创新绩效表现力是市场竞争的显性表现。其中，创新主体交互作用往往表现为创新网络的形成及创新网络的良好运行状况，因此，创新主体交互作用力也称为创新网络运行力。这四种能力要素不是孤立的而是有机联系的，联系的纽带是创新机制，即在一定创新环境支撑下，创新主体以创新网络方式在各种创新机制作用下，利用创新资源通过整合转化为创新产出和创新绩效，并最终转化为城市可持续发展能力。最后，建议中部创新型城市——长沙要在最大限度地发挥和利用创新资源较丰裕的比较优势基础上，通过完善产学研互动创新机制，强化网络化创新功能，提高产学研合作网络的运行效率和整体创新能力。优化创新环境，包括创新硬环境和创新软环境，培育激励创新的地方文化是优化创新软环境的重中之重，转变经济发展模式，使科技创新成为促进经济发展的核心推动力。

邹燕（2012）认为，创新型城市是由众多要素组成的复杂系统，并利用多层次的评价指标体系反映创新型城市建设的进程及建设中存在的问题。因此，设计能够对创新型城市进行评价的综合指标体系，客观、准确、及时地反映创新型城市建设进程及建设中存在的问题，对于指导创新型城市建设的实践十分关键。然而，既有研究在探索适用于中国目前城市发展阶段的评价内容方面，存在重测评分析、轻结构分析等研究思路问题，以及忽视指标体系的实证筛选和优化处理等技术性问题。大多数研究往往止步于打分、排名和描述性说明，未能很好地分析各城市创新能力的构成和创新要素在创新体系不同环节的表现，不能提出具有针对性的政策建议。因此，将测评分析和结构分析相结合，把城市创新能力分解为自成体系的三个评价模块，运用主成分分析法对样本城市的创新能力进行分类测评，并结合聚类分析结果解析、比较这些城市的创新能力结构。

第二节　文献梳理与研究述评

一、创新要素投入的集聚与溢出

前述有关创新型城市的研究表明，创新型城市的确立与创新要素投入的增加是创新型城市建设的主要方式，为了能够识别创新型城市试点政策的集聚效应与溢出效应，更全面地分析创新型城市的政策作用机制，本节的文献梳理将从创新要素投入的数量增加与空间溢出效应及其测算方法上展开，通过梳理相应的研究文献，为研究创新型城市的产业集聚、创新要素投入与知识溢出提供支持。有文献认为，创新要素是推进创新驱动发展战略，实现经济可持续发展的重要资源，其投入数量的增加能够对区域经济发展产生积极的知识溢出效应（何舜辉等，2017）。因此，创新要素投入与知识溢出效应关系的相关研究文献，主要从两条研究路径展开：一是在空间经济学视角下，分析创新要素的外部性空间经济特征（Shang，2012；白俊红、王钺和蒋伏心等，2017）；二是遵循新经济增长理论的研究范式，研究创新要素投入数量的增加对产业发展与经济增长的作用（Ljungwall，2015；严成樑和龚六堂，2013）。上述研究表明，研发创新要素投入的增加，能够对经济增长产生积极的外部性刺激。

关于城市要素集聚及其空间溢出效应的系统研究，出现在马歇尔（Marshall，1992）对城市产业集聚微观机制的分析中。马歇尔（Marshall，1992）认为，技术创新与科技发展的不断进步，促进了产业创新要素的高度集聚与经济结构的转型升级，进而通过就业结构的变化提升区域劳动生产率，相应的知识溢出渠道源自劳动力市场变化的人力资本效应、中间投入品改良的共享效应以及创新知识溢出的技术效应。另外，雅各布（Jacobs，1969）对空间溢出效应的研究则从不同产业间的多样化发展展开。多样化产业间的信息互换能够对技术创新形成积极的反馈刺激，进而在产业结构升级基础上进一步创新。

对比来看，城市内部的产业多样化引致了雅各布外部性，而相应的产业专业化能够产生马歇尔外部性，为后续分析创新型城市以创新路径实现产业集聚与结构升级并产生积极的空间外溢效应，提供了理论依据。在空间知识溢出的分类上，奥德斯（Audretsch，2013）从企业家精神的角度将经济溢出外部性分为技术溢出的外部性与资金溢出的外部性。其中，资金溢出的外部性概念强调产业间的前向关联性与后向关联性，其外部性源自政策主导下市场不完全竞争的作用机制，并由此引发规模性的经济活动集聚与市场规模的收益递增（苏海龙，武占云和周锐等，2011）。由此可见，通过政策激励吸引创新要素投入增加，产生创新知识的集聚效应，成为促进知识溢出与推动产业结构升级的重要方法。

在有关空间模型的构建上，知识溢出效应的研究已经拓展到空间关联维度，既有文献分别从空间误差、空间滞后以及空间杜宾三种途径对空间模型进行建构。焦敬娟等（2017）从创新要素投入、科技创新产出与区域创新潜力三个角度，分别运用空间滞后模型、空间误差模型以及空间杜宾模型，对中国省域层面创新能力及空间特征作出评价，研究发现，创新要素投入对经济溢出效应明显提升，但空间集聚态势有所降低。戴宏伟和回莹（2019）运用空间杜宾模型，分别从经济地理矩阵、空间邻接矩阵以及空间距离矩阵三个视角，对京津冀13个城市的雾霾污染及其溢出情况进行了分析。空间矩阵的设定情况代表了空间单元的联系与空间溢出的途径，已有空间计量模型对溢出途径的分析主要分为空间距离、地理邻近与经济距离三类，也有文献构建社会经济特征权重矩阵（孙大明和原毅军，2019）、技术临近权重矩阵（谢伟伟、邓宏兵和王楠，2019）进行对比分析，但对于衡量城市之间创新要素投入及政策相关性的空间矩阵设定仍然缺失，而这正是创新型城市试点政策的经济效应测算所亟须解决的问题。

在空间集聚与溢出效应的测算方法上，学术界关于创新要素投入与空间溢出效应的测算主要从两个方面展开：第一类主要选取空间相关性系数与地理集中度指数，测度创新要素的空间溢出效应；第二类运用区域基尼系数、区位熵、水平集聚区位熵等指标进行测算。具体来看，国内有关要素投入及其溢出效应的研究主要从空间相关性展开，如万坤扬和陆文聪（2010）选取莫兰指数，从空间经济学视角，对中国区域技术创新的空间效应进行了验证。这一方法同样被邬滋（2010）所采用，并以科技专利数据衡量区域创新产出及空间效应。另外，符淼（2009）从空间地理距离的角度，考察了创新要素的技术外溢情况，研究发现技术外溢的有效范围在800千米。可以看出，既有文献虽然在测度创新要素的空间溢出效应上推进了研究，但有关政策指引下创新要素的投入及其溢出效应仍需进一步探索，而政策驱动创新要素投入的增加与相关产业集聚，正是实施创新型城市试点政策的基本出发点。

既有研究在空间权重矩阵与空间测算方法上的突破，有助于在理解创新型城市试点政策形成创新势能的基础上，构建创新要素投入引致创新产出增加的政策权重矩阵。而有关创新要素投入引致创新产出增加的异质性研究表明，中国的创新产出主要源自东部沿海发达城市，区域创新产出存在较大的空间异质性，且区域间差异大于区域内部差异（马静、邓宏兵和张红，2018）。由此可见，既有研究成果支持了产业创新活动具有显著空间集聚特征的结论，尤其是沿海经济更为发达的区域（Audretsch，1996），在时间与空间上均显示出较强的空间联系性与空间依赖性（Jeon，2013），因此，理解创新要素投入的空间集聚与空间溢出，可以为解释城市创新差异的成因与创新型城市的政策溢出效应提供重要依据。

二、技术创新与全要素生产率提升

由文献梳理可以看出，创新型政策的实施能够通过创新要素投入增加，引致城市技术创新水平与产业集聚水平提升，进而产生了积极的知识溢出效应。同样，有大量文献对技术创新如何通过一系列中间作用机制提升全要生产率的效应水平进行了相应分析。综合来看，既有文献主要从科技人才（程郁和陈雪，2013；李廉水等，2020；李小平和李小克，2018）与城市发展（江艇等，2018；孙广召和黄凯南，2019；王兵和刘光天，2015）两个方面，对全要素生产率提升进行了相关分析。

第一，在技术创新对全要素生产率的影响上，科技人力资本投入是全要素生产率提升的一个重要影响因素。有文献表明，科技创新的发展程度与人力资本的技术效率差异，以及由此引致的行业收入与要素流动差别，是城市全要素生产率提升的重要动力（李政和杨思莹，2017）。高技术人才是全要素生产率提升的动力源泉，但当前中国的高技术人才对全要素生产率提升的贡献作用较小，因此，对于其促进作用的研究仍有较大的提升空间（马茹、张静和王宏伟，2019）。产业的技术变革与技术创新对产业劳动力的作用，也是全要素生产率提升的重要渠道。有文献研究发现，技术创新能力与产业生产效率存在显著的正向关系，同时，技术创新所带来的生产效率进步对产业升级具有重要影响（Garcia，2015）。第三产业的发展得益于产业结构升级释放的产业劳动力，同时，产业劳动力转移为产业生产效率的提升打下了坚实的基础。

第二，城市发展能够促进生产效率的提升主要源自两方面因素，一是城市凭借其独特的区位条件与资源条件形成的成本优势；二是城市发展过程中的集聚效应（江艇、孙鲲鹏和聂辉华，2018）。在技术创新与城市发展不断推进的过程中，布伦纳（Brenner，2015）认为，城镇化的发展通过促进城市技术创新水平提升，不仅降低了市场经济的交易成本，而且强化了要素的匹配效率，通过提升产业关联性，促使城市生产效率提升。在区域产业关联性得到强化的基础上，佛罗里达（Florida，2015）探讨了区域集聚性技术创新对第三产业的影响，研究发现，集聚所形成的区域中心构成了第三产业发展的现实基础，进而通过促进城市生产性服务业发展的方式提升城市全要素生产率。

托马斯（Thomas，2003）基于对劳动人口的研究发现，第三产业的人口比重与城市化率呈显著的正比关系，同时，第三产业对劳动力的需求源自技术创新的不断发展，表明劳动人口的变化与城镇化的发展具有内在联系。杨永全和付玢（2017）通过对城市不同部门创新价值链的分析，论证了创新要素集聚引致城市产业部门创新，通过对产品附加值的进一步创造，推动了城市生产效率的提升。一方面，政策引致的优质创新资源，有助于城市的创新进程与技术知识的学习与扩散；另一方面，要素集聚带来市场不确定性降低，能够刺激城市创新的积极性，实现创新要素向更高效率的生产部门转移，推动城市产业集聚与生产效率提升。

在全要素生产率的测算方法上，以索洛（Solow，1957）为代表的传统经济增长学者将全要素生产率定义为除了要素投入所代表经济增长之外的部分，即索洛剩余，并采用传统的生产函数法进行核算。有文献指出，与上述研究所用的柯布-道格拉斯生产函数不同的是，既有研究对于全要素生产率核算的生产函数法存在一定改进空间，这主要是在现实生产中，理想的投入-产出生产模式并不符合企业生产的实际情况（李言、高波和雷红，2018）。与此同时，针对劳动生产率放缓的现实特征，可以运用非前沿分析增长核算的方法，对全要素生产率的来源进行更为详尽的分析。基于此，艾金（Aghion，2017）通过加入随机扰动项的形式，将现实企业生产过程中存在的一些资源错配、体制弊端与管理低效模式等纳入生产函数中，解释一些技术非效率问题。有关创新效率及要素集聚效应的研究方法，主要以参数法的随机前沿分析，以及非参数法的数据包络分析为代表（胡兆廉和石大千，2019）。

三、高技术产业集聚与产业结构升级

产业结构作为国民经济发展的重要组成部分，前述研究表明，创新型城市试点政策的实施能够通过创新要素投入的增加引致高技术产业集聚，高技术产业集聚将会对产业结构升级产生重要影响。大量文献对产业结构与其他经济要素的关系进行了分析，其中，有关技术创新与产业结构升级的研究主要从技术创新引致的产业人口转移与就业效应（白婧和冯晓阳，2020；段敏芳等，2011；王少国，2005）、产业集聚与产业结构升级（于斌斌，2019）以及城镇化过程中的技术创新对产业结构升级的影响（韩永辉等，2017；陶长琪和彭永樟，2017；赵建军和贾鑫晶，2019）三个方面展开。

在阐述上述文献之前，需要对产业结构升级的概念进行明确界定。产业经济体系是介于微观经济与宏观经济之间的中观经济，其转型升级涉及两个维度的概念（高培勇等，2019），分别是三次产业之间结构比例的变化与各产业内部发展质量由低端向中高端提升的过程，前者是产业升级的概念，而后者是产业转型的概念，二者作为产业结构演化的两个阶段相互联系、彼此衔接，分别发挥着重要作用。同时，既有研究对产业结构升级的形式作出了不同划分，主要包括产业结构合理化与产业结构高级化两种形式。由技术创新引起的技术进步差异及技术引进导致的主导产业变化，是决定产业结构向合理化与高级化发展的主要因素。产业结构合理化与经济发展间具有较为稳定的关系，而产业结构高级化作为经济波动的重要因素，对经济发展的不确定性影响较大（干春晖、郑若谷和余典范，2011）。根据研究需要以及对创新型城市试点政策的分析，本书所指的产业结构升级即在试点政策作用下，城市产业结构由第二产业逐步向第三产业转化的过程。在此基础上，从三个研究方向梳理相关技术创新与产业结构升级的既有文献。

第一，在技术创新引致产业就业人口变化及就业效应上，陈立俊和王克强（2010）从产业要素再分配，尤其是产业就业人口转移角度出发，研究发现产业结构调整提升了城市对人口的吸纳能力，在产业就业人口转移的推动下，实现产业结构升级。李晓阳等（2020）基于长三角区域人口集聚的特征事实，研究发现，区域人口密度的增加将通过人力资本效应的发挥推动城市产业结构升级。另外，国内主导产业的更替取决于国家发展阶段的需要，随着城市人口的增长，就业问题逐步成为产业结构转型中需要考虑的重要方面，因此，政策性技术创新更倾向于推动第二产业向第三产业发展，即以产业结构高级化的形式实现产业结构升级（干春晖、郑若谷和余典范，2011）。袁富华（2012）研究表明，技术进步引起的产业结构转型升级，将对产业生产效率产生工业化效应与服务化效应的影响，其中，工业化效应是正向的，服务化效应是负向的。同时指出，随着就业人口增加，中国经济服务化与产业结构高级化的倾向将逐渐显现。

第二，在产业集聚与产业结构升级研究上，外文文献最早从区域内企业视角分析了产业要素的集聚效应问题。布勒克尔（Broekel，2015）通过对城市企业的分析发现，产业要素的集聚能够给城市带来积极的创新效果，推动经济结构转型。赫尔斯利（Helsley，2014）将城市创新的结果与区域地理因素相互联系，并在构建创新模型的基础上，发现城市产业要素集聚能够产生积极的知识外溢效应，促进产业结构升级与区域经济发展。在细分不同产业集聚方式影响的基础上，斯特恩伯格（Sternberg，2009）从空间经济学视角结合国内制造业产业集聚情况，研究了技术进步与制造业产业集聚对区域经济增长的现实影响。林秀梅和曹张龙（2019）从空间视角论证了生产性服务业产业集聚对区域产业结构高级化的积极作用，同时指出，产业集聚对生产率提升具有重要影响。

第三，有文献基于中国城镇化发展与产业结构特征分析发现，城镇化进程引致的城市技术创新与研发要素投入增加，提升了产业要素的生产效率，推动了城市产业结构升级。赫梅林（Hermelin，2007）基于分行业的研究发现，城镇化作为促进产业结构细化分工的重要因素，能够有效地推动产业技术水平及创新水平提升，进而推动城市产业结构升级。李晓斌（2015）研究表明，区域产业结构转型升级推动了城市基础设施完善，提升了城镇化水平并为技术创新要素的集聚创造条件。谷慧玲（2012）研究发现，城镇化与产业现代化相互影响并互为因果，产业结构升级推动了生产效率提升，促进了城镇化发展，而城镇化加速了人力资本等要素的集聚，为产业结构升级提供了积极的市场条件。在城镇化发展促进产业升级的作用途径上，欧阳峣和生延超（2006）研究表明，城市技术创新主要通过三种途径促进产业结构升级，分别为技术投资导向、产业技术整合与技术体系形成。魏娟和李敏（2009）对产业间要素分配的研究发现，农业、工业及服务业对城镇化发展进程具有不同的作用，在城镇化初期，第一产业创造了城镇化发展的基础，随后，第二产业为城镇化发展提供了动力，而第三产业是城镇化发展的最终归宿。

在技术创新对产业结构的作用机制上，有文献指出，技术创新将通过创造新的需求和构建区域创新网络两种方式，有效地推动产业结构升级创造新的需求，包括丰富产品多样性、衍生新的产业部门、提升人力资本水平三种渠道。产业间的技术知识通过区域创新网络溢出效应不断扩散，形成创新资源与创新成果在不同产业组织间重新配置的创新系统。基于梳理上述技术创新与产业结构升级的文献可以发现，技术创新在促进生产效率提升的同时，促进了产业间要素流动，推动了产业集聚发展与产业结构变革。一方面，城镇化为产业结构升级提供了技术、空间及市场的支撑，技术创新重塑了要素资源分布的格局，而产业结构升级是技术创新驱动经济发展与经济持续性、高质量增长的关键环节；另一方面，政策指引下的技术创新推动了创新要素投入的增加，在产业结构升级的形式上，更倾向于通过技术选择引致产业集聚，进而推动产业结构升级。

四、城市创新系统及其耦合机制

伴随着创新要素投入的增加与高技术产业的集聚，技术创新的空间溢出效应得以显现，强化了各创新型城市之间的空间联系，进而形成空间上的城市创新系统。在城市创新系统向区域性创新系统推进过程中，其创新系统内在的耦合机制与理论逻辑值得进一步探究，相关文献对此进行了深入分析，并形成如下观点。

倪鹏飞、白晶和杨旭（2011）主要分析了创新型政策与创新系统构建的关系，认为科技创新活动作为一项复杂的系统工程，厘清城市创新系统因素的内部结构与作用路径机制，对制定和实施相关政策措施，提升城市的科技创新能力至关重要。该文献采用结构化方程构建城市的创新系统结构模型，进行城市创新系统中的变量作用分析及影响机制研究，并基于路径系数权重实现全球城市科技创新能力的排名。研究发现，公共制度、内部平台是最重要的变量，通过多种途径影响城市创新能力；在全球化背景下，城市全球联系对城市创新能力具有比较积极的正面影响；城市的创新能力最终是通过创新影响因素的相互协同作用形成的，对相关决策部门制定提升城市科技创新能力的公共政策具有重要参考意义。

除了对创新型政策的分析之外，也有文献从区域空间视角对创新系统的形成进行了分析。邹燕（2012）指出，城市创新系统中的区域，应该是以高等级中心城市为核心的经济区，原因在于其具备高级循环系统以及组织协调区域内经济活动和区际联系的能力。城市较之于区域，更有利于规划制定和政策实施，因此，中心城市作为创新的基本单位和主要载体成为创新系统研究的重要对象。建设创新型城市，不仅成为建设创新型国家的重要支撑和主要途径，也是城市破解自身发展中的人口约束、资源约束、环境约束和传统动力模式下发展停滞的积极实践。

空间创新系统的形成势必伴随着创新系统的演进，李万（2014）从创新系统演化发展的角度展开了研究，认为创新系统的研究需要从关注要素构成和资源配置的静态结构视角，演变为强调各个创新主体之间作用机制的动态演化分析，其主要特征包括多样性共生、自组织演化和开放式协同三个方面。其中，多样性共生强调，通过知识、技术、人才、资本的重要纽带构建复杂的价值网络，在竞争、合作与共生中不断演化，这一特征意味着创新主体与创新环境之间存在频繁的交互作用，在一定程度上使得创新系统达到最适宜的结构。自组织演化与开放式协同强调市场机制对于创新资源要素配置的决定性作用，进而促进创新系统良性演化。

更进一步地，对于创新系统的实证分析，蒋选（2015）构建了创新政策的作用路径模型，并在创新政策体系框架下，利用超效率DEA模型和面板数据模型，研究了创新政策对创新系统绩效的影响。该文献还指出，创新系统所包含的创新基础设施建设对创新具有重要的促进作用。一方面，根据新增长理论，基础设施可以通过溢出效应和网络效应提高全要素生产率；另一方面，科技基础设施既是创新的研究平台，又是创新的验证平台和应用平台，还是创新链条的节点，其发展过程促进并提升了相关领域的创新水平。尤其是一些知识基础设施，是知识创造和知识创新过程的参与者之间信息交流、沟通和协商的重要渠道，有利于新知识的传播和扩散，由此形成了创新系统内部的耦合关联机制。

白俊红和蒋伏心（2015）通过构建协同创新指标体系，并从区域间创新要素动态流动视角建立空间权重矩阵，运用空间计量分析技术实证考察了协同创新与空间关联对区域创新绩效的影响，由此对区域创新系统的构建进行了解析。创新要素是创新系统的重要组成部分，而创新要素的组织与协调主要分为两种方式：一种方式是各区域创新系统内部企业、高等院校、科研机构、政府、金融中介等创新主体之间通过协同互动等方式，组织创新资源以获得创新成果；另一种方式是区域创新系统之间的要素流动，其主要反映了创新活动在地域空间上的关联效应。这两种方式的运用对于完善创新系统理论，并制定合理有效的创新战略具有重要意义。

可以看出，在城市创新系统构建及其耦合协调机制的运作过程中，需要率先培育区域创新生态系统，并引导相关企业进一步跟进，同时，发展以客户需求为中心的创新体系，进而调整供给侧的创新体系，重点从国家层面调配相关的创新资源与创新要素，探索政府管理能力创新与治理能力提升。

五、研究述评

由文献综述可以看出，既有研究关于创新型城市的内涵界定，主要从微观的创新要素投入与宏观的创新系统构建两个角度展开。以创新驱动为核心动力，以城镇化推进为发展路径，是创新型城市试点政策实施的基本模式。但在概念内涵研究由微观向宏观转变过程中，创新型城市试点政策究竟产生了何种经济效应，既有研究并未予以回答。虽有部分文献从创新型城市的政策评价视角进行探索，但多为基于管理类视角的指标评价体系研究，因而从经济学视角对创新型城市试点政策的作用机制研究需要进一步深化。

有关创新型城市演化路径的研究，本章分别从城市发展模式与城市创新主导因素两个方面阐释了创新型城市的演化路径与动力机制，即对于创新要素投入的增加及创新环境的建设是驱动创新型城市发展的重要动力，为后续研究提供了重要支撑。但是，既有研究忽视了创新型城市试点政策所产生的经济效应问题，为从这一视角切入，研究试点政策的经济效应问题提供了研究空间。尤其是既有文献对于创新型城市试点政策实施过程中，创新型城市生产率提升的研究探索（武倩和冯涛，2020），以及试点政策对于城市创新绩效的推动作用（曾婧婧和周丹萍，2019），均为后续对创新型城市产业发展特征事实的识别以及理论机制分析，提供了帮助。

基于此，本章从创新型城市试点政策引致创新要素投入的产业集聚效应与空间溢出效应两个方面对既有文献进行梳理，这为进一步识别创新型城市的经济效应，并为相关理论机制的分析打下了坚实基础。其中，创新要素投入增加引致知识溢出效应，是创新驱动发展的基本逻辑，由产业联系形成的创新网络系统成为空间经济溢出的重要渠道，系统内部各城市之间的空间层级关系是决定城市间发展差异的重要方面。而当前有关产业要素集聚及其知识溢出效应的研究，多聚焦于省级层面，对省内各城市发展差异的分析较为欠缺。

同时，原有的中心地集聚理论多基于城市规模等级视角，难以对政策性城市创新网络的形成机理与溢出效应作出全面阐释，为进一步研究探索提供了空间。与此同时，在变量选取层面，考虑到数据可得性，既有研究多以专利数据作为衡量城市创新产出的特征变量，但政策目标并非单纯的创新产出增加，归根结底是社会生产效率与人民生活水平的改善，单纯以专利产出及其他指标衡量政策效果较为片面。因此，也有文献通过构建包括创新环境、创新产出与创新投入等要素的复合型指标来测算、评价创新效应，这种将要素合成或指标叠加的处理方式，存在创新内涵不清与重复测算的技术问题（何舜辉、杜德斌和焦美琪等，2017）。因此，本书选取政策创新要素投入作为政策实施的核心变量。

基于技术创新对全要素生产率提升与产业结构升级的文献梳理可以发现，技术创新与产业集聚作为全要素生产率提升与产业结构转型的重要渠道，使得创新要素投入及产业规模扩张提升了城市产业的生产效率，并通过政策性技术选择推动了产业结构升级。这表明，技术创新促进了产业间要素流动，带来了生产效率提升，推动了产业集聚发展与产业结构变革。

一方面，城镇化为产业结构升级提供了技术、空间及市场的支撑，技术创新重塑了要素资源分布的空间格局，改变了经济增长的动力源泉，而产业结构升级是未来经济高质量发展的坚强后盾；另一方面，科技人力资本投入与产业人口转移作为全要素生产率提升的重要部分，同样对产业结构升级产生了重要影响。政策指引下的技术创新推动了城市创新要素投入的增加，在产业结构升级途径上更倾向于通过知识溢出与技术选择引致产业集聚的方式推动产业结构升级。创新型城市由政策指引突出城市创新特色，通过政策设计的技术选择框架构建有助于城市产业结构升级的发展模式，逐步推进产业结构升级进程。

综上所述，由文献梳理逐渐明晰了创新型城市试点政策产生经济效应的作用机制，结合既有研究成果，对这一机制框架进行大胆推断，相应理论分析与研究假设的提出将在第四章具体阐释。首先，创新型城市通过政策引致创新要素投入增加，产生了产业集聚效应与知识溢出效应。结合创新型城市试点政策推进与创新型城市建设可以看出，政策联系与地理邻近是创新要素知识溢出的两条重要渠道。其次，产业集聚强化了产业间的关联性，降低了产业生产成本，随着产业集聚度的不断提升，技术创新、产业更替速度进一步加快，创新型城市试点政策实现了全要素生产率提升与产业结构升级，因此，本书将按照上述机制框架安排后续研究。

第三节　理论基础

创新型城市试点政策以城市创新要素投入增加与试点政策实施为基础，通过政策制度的顶层设计，促进技术创新与城市产业不断集聚，最终实现城市全要素生产率提升与产业结构升级。由此认为，创新型城市试点政策以新经济增长理论与空间经济学理论为核心，以增长极理论和产业结构理论为主体，结合试点政策的顶层设计，共同推进创新型城市发展。因而，本节将结合既有研究文献，分析创新型城市的理论基础，并为后续的特征事实与作用机制分析以及实证检验提供指导。

一、新经济增长理论

新经济增长理论主张从经济体系内部视角理解经济增长，强调技术进步作为推动经济发展的动力源泉，是实现经济转型的根本动力（Lakhera，2016）。叶尔丹（Yeldan，2016）从厂商视角分析了新经济增长理论的作用机理，即厂商为获取利润，将生产要素主动投入技术研发环节、生产创新环节，推动知识存量增加与生产流程创新，进而刺激国民经济增长。由此形成的新产品与新技术不断演变出新的产业部门，在逐步改变原有产业结构的基础上，推进生产专业化进一步刺激消费增长，进而形成新的经济增长点（李政和杨思莹，2017）。结合本书的研究来看，创新型城市试点政策通过引致创新生产要素，实现对技术创新的驱动与政策性创新要素投入的增加。从城市内部激发创新动能的政策措施，符合新经济增长理论的基本研究范式，在劳动生产要素与资本生产要素稀缺的条件下，以内生技术进步推动发展并积累索洛剩余，实现经济的内生性持续增长，即新经济增长理论的核心要义（李政和杨思莹，2017）。新经济增长理论及索洛剩余的概念，为本书核算全要素生产率，测定创新型城市试点政策的经济效应提供了理论基础。

另外，以新经济增长理论为核心的内生增长模型，设定了知识溢出效应的自发条件并假设了较低的外溢成本，与创新型城市试点政策中，通过制度框架设计吸引创新要素投入增加的特征事实相吻合。生产要素的边际收益递减效应对进一步的经济增长产生了限制作用，因此，需要技术创新的推进才能维持原有的经济增长趋势。这表明，如要实现国民经济的持续增长，需要从规模收益递增角度考察创新型城市的经济效应。有文献认为，技术创新是知识共享的基础，而随着创新要素投入不断增加，技术创新成本将呈下降趋势，使得知识资本的累积效应得到发挥，相应的技术创新效率得到了较大幅度提升（马静，2017）。基于这一理论逻辑，有文献从知识过滤器角度出发，对知识溢出相关理论进行了阐释，进一步丰富了内生增长模型（李元旭和曾铖，2019）。技术要素、劳动要素与资本要素存在推动经济持续增长的溢出效应，无政策调节的经济增长率一般低于社会经济的最优增长率，因而，政策制度有助于实现内生技术效率提升（丁焕峰，2007）。

新经济增长理论的重要特征是将技术进步内生化，并凸显研发（R&D）在经济增长与社会发展中的重要贡献（李元旭和曾铖，2019）。有文献从创新资本深化、创新人力资本补偿以及创新风险回报三个方面，对创新人力资本作为经济增长动力的模型假设进行了补充，并指出，技术创新作为国民经济发展的核心动力，以及经济可持续增长的重要源泉，激发了更高效的社会分工与创新共享的劳动生产方式（陈昌兵，2018）。中国原有的城镇化发展模式，伴随着以要素投入与规模报酬递增为特征的工业化进程，技术进步源自各生产部门的引进创新与模仿创新，由此产生了城镇化集聚与产业化转型的双加速效应，进而内生地刺激了中国的经济增长（陈昌兵，2018）。国家创新驱动发展战略的需要，对高技术产业部门提出了提高制造业技术创新竞争力、强化现代服务业知识密集度，以及全面实现各技术部门现代化的发展要求，中国经济发展过程中原有的资本驱动型城镇化发展模式，已经无法满足现代化发展的需要（陈昌兵，2018）。由此可见，新经济增长理论为创新型城市试点政策的实施提供了重要的理论指导，创新要素投入与创新技术溢出作为新经济增长理论判定经济内生性增长驱动力的重要标准，在创新型城市试点政策中具有重要体现，也是新经济增长理论适用于创新型城市试点政策分析的重要依据。

二、空间经济学理论

虽然新经济增长理论解决了经济增长的规模报酬递增与技术内生性问题，但这一理论仅从静态视角考察技术创新与城市发展问题，而现实的创新要素投入增加、产业集聚与知识溢出是一个空间概念，因而，学者们倾向于将空间要素引入经济模型中，并逐步形成了空间经济学理论，用以解释经济活动的空间集聚现象与空间溢出现象。经济溢出与要素集聚在空间上是相互促进的，区域主体在创新要素投入过程中获得了隐性的效应递增，降低了创新的交易成本，推动创新产出增加与国民经济增长（周锐波、刘叶子和杨卓文，2019）。产业集聚效应与空间的知识溢出效应是提升城市创新能力与构建城市产业格局的重要因素，产业集聚效应表明，创新要素投入对产业集聚产生了积极的促进作用，并呈现两极分化的趋势，而空间溢出效应揭示了区域间要素交互作用的结果。由此可见，空间产业集聚效应与空间溢出效应是形成区域差异的根本原因。

空间经济学将影响区域发展的空间因素，融入主流经济学的一般均衡分析框架之中，以空间经济中规模收益递增效应与累积循环因果效应为基础，研究现实经济活动的空间规律，解释相应的空间集聚原因与作用机制，并以此分析空间要素对经济增长的现实影响。产业活动布局规模与产业性质作为政策制定者关注的焦点，是决定区域经济发展效率的关键，解释产业收益递增与空间经济集聚的动因，需要建立相应的空间经济模型。如果在某一区域中不存在规模收益递增的现象，那么，创新要素将选择在区域内的城市均匀分布。而现实的情况并不支持要素资源均匀分布的理论假设，因而，相关空间模型的建构多用于解释要素非均匀分布的经济现象，即创新要素投入增加与产业集聚满足规模经济的假定。

空间经济学理论中的核心-边缘模型用以阐释区域发展不平衡的现象，以及空间集聚与知识溢出的内在机制，而知识溢出作为经济活动外部性的重要体现，反映了区域发展不平衡的现实问题（Potter，2010）。区域发展不平衡源自集聚力与分散力对空间要素的相互作用，市场外部性及随之产生的成本与收益问题，对区域要素资源再配置产生了重要影响，而城市资源的再配置进一步强化了核心-边缘的分布模式。在创新型城市中，创新型城市试点政策的技术选择特性及技术创新要素的投入水平较高，使得集聚产生了相应的拥挤效应，从而实现对其他区域创新要素的再配置。从城市要素资源再配置角度出发，空间中的核心城市地位不断得到强化，其区位优势效应逐步显现，因此，本书从空间区位理论与空间均衡理论两个角度，对生产要素的空间配置机制进行分析。城市要素的空间影响使得以单一行业为特色的城市未必比普通的城市发展更快，同时，外部经济效应的存在促使城市建立多样化的产业分工体系（Peeters，2011），引致部分企业部门在空间位置上的邻近，这正是区域性地理集中的具体表现，相应的产业集聚需要在更大的空间范围内实现产业链优化与配套产业设施完善。

创新型城市对创新要素投入空间集聚能力的提升，是实施创新型城市试点政策的初始特征（马静，2017）。由创新型城市通过技术选择与要素集聚产生的拥挤效应发现，创新要素转移引发了新一轮创新要素扩散，这表明，创新型城市所集聚的创新要素经历了由量变到质变的过程

（马静、邓宏兵和张红，2018）。对非创新型城市的空间扩散，促进了周边城市的创新要素积累，形成新一轮的创新要素集聚（周灿、曾刚和曹贤忠，2017）。创新型城市试点政策的推进，是创新要素的集聚效应与溢出效应的不同组合形式，彼此在空间上是相关的，在时间上是接续的（马静，2017）。知识溢出效应与知识扩散效应是创新要素集聚发展到新一阶段的特征，表明创新型城市试点政策对非创新型城市产生了影响。因此，本书通过对创新要素投入知识溢出特征的识别，判定创新型城市试点政策的实施阶段。通过试点建设、逐级推进的形式，创新型城市的产业集聚效应得到发挥，进而由要素集聚引发相应的知识溢出。

三、增长极理论

在空间经济学理论指导下可以看出，创新型城市引致的创新要素投入增加实现了产业集聚与知识溢出，同时，创新型城市试点政策的实施势必选取部分具有增长极化作用的单元以加速产业集聚与知识溢出过程，因此，需要进一步从增长极理论视角分析试点政策的集聚效应与溢出效应。伴随经济高质量发展与现代化经济体系建设的不断推进，创新驱动发展战略作为拓展区域增长空间、加速高技术产业集聚、激发经济新的增长动能、培育地区增长极的重要战略，在推动产业协调发展、促进新型城镇化建设以及改善区域经济结构方面不断发挥重要作用。创新型城市试点政策的实施采取试点推进、逐步递增的方法，由2008年的深圳逐步推广到2018年的78个创新型城市，循序渐进、分步实施而非一次性全面铺开建设。这不仅体现了政策演进的科学性与合理性，同样表明创新型城市以试点建设方式实现高技术产业集聚与知识溢出扩散，发挥区域性增长极的辐射带动作用。

增长极理论强调，在市场经济条件下，区域经济增长并非同步出现于区域内各个地方，而是由某些特殊的关键节点率先实现产业集聚与技术扩散（苗长虹，2016）。因而，在一个特定区域内势必存在一定支配力量，决定了区域经济增长的先后次序，增长极即为释放支配力量的特殊单元，并以此形成对应的空间集聚区域与空间扩散区域。创新资源的稀缺性在区域内普遍存在，通过政策力量赋予增长极特定的资源优势，加速其产业集聚与知识溢出进程，利用其支配力量对产业资源进行有序配置，突破原有创新资源稀缺的困境，实现区域高技术产业集聚与产业扩散（何嵬、黄巍和张福双，2015）。创新要素投入增加所产生的经济效应依赖于创新环境的建设水平，因而，创新型城市试点政策的实施能够通过引导并约束创新要素的流动方式与集聚方式，营造更有利的创新环境（余泳泽，2011）。增长极能够使自身的增长效应与产业集聚效应呈放射状扩散至临近区域，并通过乘数效应及自身的支配力量，带动周边区域与相关经济部门的发展。增长极理论所涉及的集聚与扩散研究多为区域性的企业或经济部门主导，随后，法国经济学家布戴威尔（Banerjee，2005）对这一理论进行了补充。

布戴威尔将原有的经济增长极转换为地理空间增长极，并指出经济空间作为经济变量投影到地理空间上的映射，其集聚效应与扩散效应势必与城市产业相结合，构成地理上的增长极概念（Banerjee，2005）。城市资本、生产活动的非均匀分布决定了经济活动的非均匀分布，因而，产业集聚方式与产业扩散方式受到地理因素的重要影响。这需要在研究创新型城市试点政策的产业集聚效应之前，明确试点政策的空间影响与创新型城市的空间关系，而增长极理论为制定区域发展战略及优化空间资源配置提供了理论指导，也是创新型城市试点政策的基础理论。

布戴威尔进一步指出，城市在区位、等级以及要素禀赋上存在差异，区域增长极选取在高等级经济发达地区的效果更为显著，而经济相对落后地区则不易取得成功，这需要结合城市异质性特征，在后续的作用机制与实证分析中予以求证。既有文献对上述现象的研究表明，增长极理论虽然推进到空间地理层面，但相应的核心企业与产业主导部门仍是推进城市经济发展的重要动力，因而，将创新型城市作为区域创新的增长极，应当选择条件更好、创新企业更多、主导产业部门更强的城市，并形成具有竞争力的创新产业集群（苗长虹，2016），这同样是创新型城市试点政策选择样本城市的标准。

更进一步地，随着现代化信息网络技术不断发展及创新基础设施的改善，更广泛的产业生产网络得以构建，促使产业创新活动在区域空间内进行新一轮集聚与扩散。现代化信息网络技术与创新基础设施的发展不断促进地区间人才、资本与技术的跨区域流动，对国家创新格局实现了重构。1994 年，弗里德曼（Friedmann）在《创新地理学》（*The Geography of Innovation*）中指出，产业技术要素的地理集中有助于提高知识信息搜寻强度，降低搜寻成本，突出区域极化效应，因而技术创新在增长极形成过程中发挥了重要作用（丁焕峰，2007）。

由此可见，增长极理论强调区域空间的异质性特征与创新的扩散属性，聚焦于增长极与周边城市区域的经济联系，而增长极的扩散功能与城市空间的网络结构高度相关。随着城市地理空间的联系不断加强，相应的城市节点属性得到强化，对增长极的战略定位已不仅局限于增长极所辐射的地理区域范围，而且，扩展到创新型城市试点政策的空间网络系统。创新增长极的培育和发展取决于技术创新部门所发挥的作用，高技术企业的增长极培育应当选择产业相关性高的部门，因而，理解产业集聚的过程应当从增长极主导的部门出发，而政府应当在有助于社会福利整体提升的基础上培育新的增长点。创新型城市作为区域经济增长的关键节点，通过辐射带动效应提升区域创新水平，推动区域经济体系发展（高安刚和张林，2018），符合增长极理论的基本要求。

四、产业结构理论

随着技术创新扩散与关联性产业集聚，产业间相对收入的差距使得产业结构的侧重点逐步由"有形的物质生产"向"无形的服务生产"转型。因此，在创新要素投入增加、激发产业集聚与知识溢出的基础上，产业结构实现了转型升级。在此基础上，克拉克（Clark）将国民经济产业进行了三次划分，并发现第一产业与第二产业之间、第二产业与第三产业之间存在产业要素转移的趋势（Klepper，2010）。佩蒂－克拉克定理的提出，为分析产业间要素转移与产业结构发展规律提供了重要依据，其理论基础主要包括以下三方面内容。

首先，从产品的需求弹性来讲，第三产业在产业集聚与知识溢出条件下更容易获得较高的产品附加值，因而，第三产业的产品和服务凭借较高的需求弹性，能够维持相对较高的价格水平。第一产业与第二产业主要提供生活必需品与工业产品，产品需求弹性较小，即使社会整体的产业技术水平和全要素生产率水平得到了提升，但并不能转化到产品附加值上，因而产品的相对价格较低，制约了产业人均收入水平的提高，促进产业劳动人口不断转移，相应的产业在国民经济中所占份额逐步缩小。

其次，人均国民收入水平的提升，使得生活必需品在消费支出中所占比例不断降低，进一步促进了劳动人口转移与产业结构变迁。这表明，创新要素投入对不同产业具有不同的刺激效应，最终将重点提升第三产业在国民经济中所占比重。

最后，除了人均收入水平与产品需求弹性对产业结构的影响外，产业的边际报酬对产业结构也具有重要影响。创新要素投入引致的知识溢出效应提升了产业的生产率水平，即产业的边际报酬递增。因此，在资本不断追加的情况下，需要进一步投入劳动生产要素以满足产业的生产需求，刺激产业结构进一步发生变化。创新型城市试点政策的实施是推动相关生产要素集聚的重要因素，有文献指出，制度设计在驱动城市产业结构转型与经济发展中发挥了积极的促进作用（董利红和严太华，2016）。

结合创新型城市试点政策的具体措施与发展实践来看，试点政策所产生的产业集聚效应与知识溢出效应，为解释和理解产业结构升级提供了支持。由创新型城市试点政策激励构建的正反馈机制，能够使得政策所选择的技术发展方式不断演变为具有产业支撑能力的生产模式。在此基础上，通过政策指引的方式实现就业结构与产业结构的转型升级。

另外，既有理论研究表明，制造业技术选择与中间品贸易的改善是决定产业结构升级的重要渠道。相比于劳动密集型企业，技术密集型企业在中间品贸易过程中得到了更多技术支持，高技术产业得到了创新政策的刺激，在产业结构发展中占据优势地位。虽然有部分第三产业部门，如生产性服务业部门，其本质是服务于制造业发展，但生产性服务业获得优势的同时，制造业未必能取得同步发展，因而产业结构的协调性问题值得进一步关注。由此可见，技术选择过程中的技术创新与产业发展的协调性与适用性至关重要，技术选择导致的资源错配将会成为制约生产率提升的重要瓶颈（聂飞和刘海云，2017）。

五、创新系统理论

经济的本质现象是增长与发展而不是均衡，创新作为一个非均衡的经济过程，是经济发展的根源，而均衡的经济增长是循环流转下经济体的数量增加，并不适用于对创新相关的经济理论进行分析。结合增长极理论，创新应当从社会经济概念角度而非科学发明上的技术概念角度进行理解。技术创新受多种因素影响，能够形成对经济结构的动态重构，最终都将对经济结构形成反作用。创新是将科学技术应用到相应的经济组织之中，不断创造新的经济结构，实现生产能力的提升。因而，创新是一个系统性的范畴，后熊彼特时代的创新系统理论以技术创新理论与制度创新理论为基本发展方向，在囊括了市场机制、组织技术与企业家精神的基础上，创新系统理论逐步丰富发展，得到了纳尔森（Nelson，1993）和弗里曼（Freeman，1987）的支持。学者们普遍采用空间范畴的研究测算方法，分别在省际层面、区域层面与国家层面对不同空间尺度的创新系统进行识别。创新系统理论为本书结合创新型城市的空间联系，选取研究样本并合理设定要素集聚区域与空间溢出区域提供了有益指导。

20 世纪 80 年代初期，弗里曼（Freeman）提出国家创新系统概念，并强调研究与教育所代表的经济个体之间的技术知识转移，是形成创新系统的核心要素，同时，知识溢出网络的构建形成对特定市场结构的路径依赖，为完整的区域创新系统提供基础。在此基础上，纳尔森（Nelson，1993）和弗里曼（Freeman，1987）将其细化为微观学派的国家创新系统与宏观学派的国家创新系统，前者侧重于创新系统中微观要素的刺激作用，而后者强调制度设计在国家创新系统中的影响。在此基础上，有中文文献表明，国家创新系统是国内政府科技部门、企业、高校以及教育机构等相互影响的宏观体系，私营部门与公共部门相互联系形成的创新网络，能够促进新产品与新技术的研发扩散与更新迭代，政策指引能够推动并优化创新网络系统。

相比之下，本书所研究的创新型城市试点政策是在制度设计下的要素投入系统，属于宏观与微观相结合的区域创新体系。创新驱动战略通过对技术研发支出与技术研发人员等创新要素投入的重新整合，以及创新环境的改善与创新生产的激励，全面提升创新产出绩效，进而实现经济产出目标。区域创新驱动能力的差异表现为创新投入、创新产出以及创新环境建设三个方面，这也是形成区域经济发展差异的重要因素。李政和杨思莹（2017）研究表明，创新活动具有明显的地域属性，在区域空间上的分布特征更为显著，如果忽视了区域创新系统的重要影响，那么，难以讨论创新型国家建设。

从既有文献看，关于区域性创新系统的基本构成要素，学术界已经形成初步共识，但是有些关键因素，如全球联系，并未得到重视。关于要素间相互关系的内部结构仍处于"黑箱"状态，相关研究大多是定性层面的经验分析，鲜有从定量角度借助相关模型对创新系统进行描画。顾新（2001）指出，区域性创新系统理论的优势在于，其中观的地域范围与开放的空间边界，既有利于空间地理邻近对创新研发的积极影响，又为区域内创新研发单元增强彼此联系并形成稳定的创新组织提供条件。中国的城市群符合区域创新系统的理论范畴，样本城市突破原有省级行政区划限制，通过自发的地理邻近或政策指引形成区域内部创新联系网络。在区域创新系统与国家创新系统逐步推进的基础上，系统内部的城市取得了相应的创新发展空间，城市对创新要素集聚、创新产业升级与创新成果转化的作用值得关注。城市创新系统理论聚焦于更小的范围，强调创新制度与创新政策对创新要素投入的协调作用，并以城市单元为创新载体，发挥城市的要素集聚功能与创新扩散功能。作为区域创新系统的子系统以及国家创新驱动发展战略的关键节点，城市创新系统正在微观层面上发挥越来越重要的作用。因此，对于创新型城市试点政策效应的理论研究，应当具有系统性的宏观制度视角，并不断细化城市对微观创新要素的集聚作用，进而形成完善的创新型城市试点政策理论体系。

第四节　本章小结

本章从文献综述与理论基础两个方面展开，文献综述部分包括对创新型城市的概念内涵、演化模式与指标评价体系的分析，以及从创新要素投入的产业集聚效应与知识溢出效应、技术创新对全要素生产率提升、产业结构升级的影响与城市创新系统的构建两大部分，对既有文献进行研究述评。通过梳理新经济增长理论、空间经济学理论、增长极理论、产业结构理论与创新系统理论，获得了研究的理论支撑，在此基础上进一步对既有文献与理论基础进行了总结。

在文献综述部分，本章分别从创新型城市的内涵、评价与模式，以及技术创新的经济效应两个角度梳理了既有研究文献，并根据本书的研究内容进行相应的研究述评，进而探索可拓展的研究空间。有关创新型城市的内涵与演化模式研究，为本书明确了创新型城市的内涵界定、构成要素与发展动力。通过学者们对创新型城市不同模式的分析与指标评价体系的构建，本书认为，创新型城市试点政策的核心内涵在于，探索出一条由微观的创新要素投入宏观创新系统发展的道路。创新型城市的演化模式分析，重点突出创新型城市试点政策的知识溢出效应与技术选择特征，以及由此产生的生产效率提升与产业结构升级。上述研究有助于本书对创新型城市试点政策产生的经济效应进行识别，继而对创新型城市的创新环境建设、要素投入模式以及城市异质性分析提供有益的参考。

在对创新型城市试点政策实施引致技术创新的经济效应上，本章从产业要素集聚与空间溢出效应、技术创新对全要素生产率提升与产业结构升级，以及区域性创新系统构建三个方面展开。既有研究文献表明，政策性的技术创新率先改变了资源要素的配置模式，提升了区域生产效率，并分别通过产业结构变革的空间溢出效应与要素投入增加的空间溢出效应对经济发展产生积极影响。创新型政策驱动的城镇化发展模式与传统的人口集聚型城镇化发展模式的不同之处在于，政策驱动的创新型城市建设从区域性增长极视角，突破了传统的地理邻近式的空间溢出模式，并结合政策性创新势能释放的空间溢出效应促进城市经济发展。

更进一步地对创新型城市的构成要素与发展模式进行分析发现，创新型城市试点政策实施的产业集聚效应与空间溢出效应是区域性创新网络得以构建的现实基础，因此，创新要素在创新型城市中的配置效率成为试点政策推进产业结构升级的关键。基于此，本章对技术创新实现全要素生产率提升与产业结构升级进行了分析，发现科技人力资本投入与城镇化进程，是技术创新推进全要素生产率提升与产业结构升级的重要环节。本书将上述两方面所涉及的创新型城市建设与政策性创新的经济效应进行整合，在既有研究文献基础上，探索创新型城市试点政策的经济效应。

在理论基础部分，本章分别从新经济增长理论、空间经济学理论、增长极理论、产业结构理论与创新系统理论五个方面展开。新经济增长理论与空间经济学理论阐释了创新型城市试点政策的实施促进经济发展的内在逻辑与作用机制，分别从经济增长的技术选择与技术要素的空间溢出两个角度为创新型城市试点政策的实施提供了理论基础，并支撑了本书关于创新型城市试点政策作用机制的研究。增长极理论及产业结构理论，分别从创新型城市试点政策设定的区域性增长极与产业结构升级两个方面为本书的理论分析提供了指导。增长极理论阐明了创新型城市试点政策实施的出发点与归宿，利用区域空间上部分城市在技术创新与经济发展上的先天优势，将区域增长极设定为政策性创新型城市，并发挥其对周边区域城市的示范带动效应，形成区域性创新网络系统，推动区域整体技术创新与经济发展。

第三章　创新型城市试点政策的实施阶段与创新型城市特征事实

对创新型城市试点政策的实施阶段进行分析及对城市产业发展特征事实的识别，其目的在于从学理上展现问题的事实特征，以便依据理论进行分析，引出试点政策对于创新型城市的作用机制。基于对既有文献的梳理，本书清晰地认识到创新型城市的内涵概念及其演化模式；对技术创新及其所产生经济效应的研究梳理，明确了创新型城市经济效应分析的基本方向。本章以此为基础，对创新型城市试点政策的演进历程与实施阶段，以及试点政策实施以来在创新型城市分布与创新要素投入、产业集聚与产业结构升级上的特征事实进行了识别，并阐述了创新型城市特征事实背后的经济原因，以便于构建经济现象与试点政策实施之间的逻辑关系，为后续的理论分析与实证检验打下基础。

第一节　创新型城市试点政策的发展历程与阶段划分

对于创新型城市试点政策实施阶段的识别，使本书明确创新型城市的阶段性特征，对于特定发展阶段产生的经济现象分析能够为理论推导提供依据。伴随科技进步与经济社会不断发展，城市的核心功能逐步由传统的行政管理功能与社会服务功能，衍生出科技创新与人才集聚的功能（杜德斌、段德忠和杨文龙等，2016）。城市发展的空间布局具有一定客观规律，也得到国家相关政策的重要支持。创新型城市试点政策的实施经历了特定的演进历程，本节基于国家发展和改革委、科技部及各省（区、市）职能部门公告，对创新型城市试点政策进行梳理，以便从中国经济高质量发展的大背景下，考察试点政策实施的阶段性特征，并指导本书对于创新型城市有关特征事实的识别。

一、试点探索阶段

2005 年 4 月，北京市委、市政府出台了《关于增强自主创新能力建设创新型城市的意见》，并逐步推进相关创新型城市建设的配套政策。2005 年 5 月，深圳建设创新型城市的政策引起了社会的广泛关注，随后，上海、天津、南京、福州、无锡、青岛等城市相继制定了向创新型城市迈进的政策措施。2007 年 10 月，科技部、广东省人民政府、深圳市人民政府共同签署了《科技部、广东省人民政府、深圳市人民政府共建国家创新型城市框架协议》，将深圳作为探索创新型城市试点政策的首个城市。

2008 年 4 月，重庆、厦门、宁波、大连等地的市委、市政府，分别发布了《关于提高自主创新能力加快推进创新型城市试点建设的意见》，充分反映了各城市积极参与构建创新型城市的强烈意愿，凸显创新型城市试点政策得到了各地方政府的高度响应。2008 年 6 月，国家发展和改革委将深圳列为首个国家创新型城市，标志着创新型城市试点政策正式由规划协议落实到具体的政策实践。

2009 年，多个省（区、市）分别将创新型城市概念写入当年的《科技工作要点》或《科技工作展望》中，进一步强化创新型城市建设对地方科技工作的重要影响。2010 年 1 月，科技部首批创新型城市建设工作启动，同意确立南京等 20 个城市为国家创新型城市，并在 2010 年 4 月印发《关于进一步推进创新型城市试点工作的指导意见》，推动各地创新型城市试点政策的实施。

2010 年 1 月，国家发展和改革委发布了《关于推进国家创新型城市试点工作的通知》，明确表示在推进深圳市创建国家创新型城市的基础上，进一步构建区域创新体系，强化区域可持续发展能力，加快实现创新驱动战略，继续扩大试点政策实施的范围，指导并推进新一批创新型城市开展国家创新型城市建设工作，并强调这次试点建设不仅充分考虑了制约创新型国家建设的关键环节和突出问题，也充分考虑了国家发展战略布局和城市的创新发展基础。①

2011 年，成都、昆明、广州等多个城市分别出台国家创新型城市建设规划（2011~2015），明确了 2011~2015 年创新型城市的发展方向及其考核量化指标，并成立专门的创新型城市考察小组，奔赴其他创新型城市借鉴发展经验。技术吸收能力与技术创新水平受到区域的人力资本、基础设施、教育水平以及人口数量等综合因素的影响，在政策性技术支持与创新要素投入增加的基础上，创新型城市的创新异质性与政策统一性便于构建更广泛的创新网络系统，创新型城市进入全面建设阶段。

二、全面建设阶段

党的十八大报告提及建设创新型国家的要求，② 全国多个地区陆续将建设创新型城市提上日程，并加速推进创新型城市建设。其中，多地市委、市政府在针对全市科研人员的科技奖励与表彰中，鼓励全社会要重视和关注科技创新人才，共同营造良好的科技创新环境，为建设创新型城市贡献力量。上海、郑州、哈尔滨等针对创新型城市建设中的突出问题，召开针对性的科技工作会议，有效地凝聚了社会创新力量，进一步推动创新型城市发展。

2013 年，科技部将济宁、萍乡、泰州、遵义等 12 个城市，设定为国家创新型城市。③ 这一举措标志着创新型城市试点政策，由一线城市、二线城市的建设阶段进入三线城市、四线城市的建设阶段。至此，国家创新型城市总数已达 61 个，各省（区、市）开始全面探索创新型

---

① 《国家发展改革委关于推进国家创新型城市试点工作的通知》https：//www. gov. cn/zwgk/2010 - 01/11/content_1507703. htm.

② 2012 年 11 月 4 日，人民网，http：//cpcpeople. com. cn/.

③ http：//px. jxnews. cn/system/2013/05/09/012410226. shtml.

城市的建设模式与创新机制，创新型城市试点政策进入全面建设的系统推进阶段。2013 年，由中国城市发展研究会城市研究所完成的中国城市创新能力科学评价课题研究成果——《中国城市创新报告（2013）》在北京发布，提出以创新基础条件与科技支撑能力、技术产业化能力、品牌创新能力为主体框架的城市创新能力评价指标体系，并对中国城市创新能力进行了综合评价，形成了中国城市创新能力的综合排名及专项排名。

2014～2015 年，已获批的创新型城市高度重视城市高新技术产业的集聚发展，不断深化科技创新环境建设与科技人才集聚，进一步促进科技创新企业与科研院所及地方高校的深度融合，多角度推动创新型城市建设的发展。在此期间，国家发展和改革委与科技部虽然没有出台新的有关创新型城市建设的政策文件，但已有的创新型城市不断强化创新人才的集聚，逐步形成"竞争与合作"并存的区域创新系统。

2016 年 12 月，为了深入贯彻全国科技创新大会精神，全面落实《国家创新驱动发展战略纲要》部署，遵循科技创新发展与区域产业集聚的客观规律，探索符合地方实际的差异化发展路径，逐步建成一些特色鲜明的区域创新中心与具有较强科技创新能力的创新型城市，国家发展和改革委与科技部首次共同出台了《建设创新型城市工作指引》，详尽阐释了创新型城市试点政策的总体要求、重点任务、指标体系与具体措施等，并对前期 61 个创新型城市进行了系统认定，进一步明确了城市创新推动经济发展的重要作用及其实现路径，[①] 成为本书深入研究创新型城市建设的重要政策依据。

除此之外，《建设创新型城市工作指引》构建了以创新要素集聚能力、产业竞争力与创新环境建设为主要指标的综合评价体系，发挥城市

---

① 国家发展和改革委与科技部在前期确立创新型城市建设名单时存在重复设立的情况，本书以该城市较早成为创新型城市的时间为准，2016 年，两部委对创新型城市名单联合发布，相应的统计口径实现了统一。

创新以点带面的功能，以创新型城市建设推进创新要素投入增加，并促进相关产业集聚与产业结构升级。这一政策的出台，标志着创新型城市试点政策的实施从国家发展和改革委与科技部两套认定系统首次实现了统一认定，便于后期对城市创新发展进行量化考核，试点政策的实施由此进入高质量发展阶段。

三、高质量发展阶段

2017年1月，科技部表示，将参照《建设创新型城市工作指引》的要求与部署，在2017年按照试点建设自评总结与第三方系统评估方式，对61个创新型城市的发展质量进行系统评价。在《建设创新型城市工作指引》所述的指标体系中，创新型城市试点政策的一级指标涉及创新要素集聚能力、城市综合实力与产业竞争力、创新创业环境、创新对社会民生发展的支撑、创新政策体系与治理架构以及特色创新指标六大方面，分别代表了推进创新型城市高质量发展的重要方面。因而，创新型城市将通过其政策指引方式，对未来城市创新要素投入、空间经济溢出、产业集聚与产业结构升级产生重大而深远的影响。

同时，为了兼顾区域创新型城市的整体布局，国家发展和改革委与科技部决定启动新一轮创新型城市建设工作，进一步推进创新型城市发展。在创新型城市取得创新发展的同时，城市的空间布局与协同发展得到了重视，成为未来创新型城市进一步高质量发展的重要方向。2018年4月，国家发展和改革委与科技部为进一步推动创新型城市高质量发展，批复了包括吉林、徐州等17个城市在内的新一批创新型城市，并强调将对城市研发要素投入、生产性服务业产业集聚与全要素生产率提升进行重点考核，从而全国创新型城市达到78个。

2019年12月29日，科技部和中国科学技术信息研究所分别颁布了《国家创新型城市创新能力监测报告2019》和《国家创新型城市创新能力评价报告2019》两份文件。这是中国首次公开发布有关创新型城市系统评估与调查研究系列报告，标志着中国从顶层设计层面对创新型城市的发展质量进行了进一步规范。

2020 年 1 月，中国社会科学院在《中国城市科技创新发展指数 2019》中指出，创新型城市如要实现更高质量的发展，需要更加"紧凑"的"大城"模式，而当前中国城市的经济密度偏低、地级城市规模偏小、企业创新主体地位不强，制约了科研强市向科技创新强市转变的步伐。

截至 2020 年，中国已先后公布了 78 个创新型城市，在创新型城市建设方面积累了较多实践发展经验。综合来看，创新型城市的高质量发展在于，其能够集聚城市创新资源、激发城市中创新主体的创新意识、促进城市产业结构升级，实现城市创新对社会发展的驱动效应以及对区域内其他城市的示范效应和辐射效应。

总结创新型城市试点政策的演进历程可以看出，试点政策的发展大致经历了三个阶段，即试点探索阶段、全面建设阶段、高质量发展阶段。创新型城市试点政策的实施阶段，如图 3 - 1 所示。

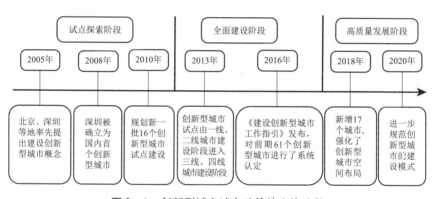

图 3 - 1　创新型城市试点政策的实施阶段

资料来源：笔者绘制。

第二节　创新型城市试点政策作用下城市产业发展的
特征事实

国家发展和改革委与科技部明确要求，要认真贯彻落实各区域在创新发展中的主动性和积极性，尊重技术创新在区域层面的发展规律，建设若干具有区域辐射能力与强大带动能力的区域创新中心与创新型城市。① 这一指导思想为创新型城市试点政策的实施指明了方向，表明试点政策的基本逻辑是通过试点政策的实施的形式率先形成一批区域性增长极与创新中心，在此基础上运用创新知识的溢出效应与区域创新网络强化城市之间的产业集聚效应，并以此推动全要素生产率的提升与产业结构升级。在创新型城市建设过程中，创新型城市的分布呈现何种特征，创新型城市在创新要素投入上是否明显多于非创新型城市？创新型城市与非创新型城市在产业集聚、全要素生产率提升与产业结构升级上，是否具有显著差异？更进一步地，这种差异是否由创新型城市试点政策实施引起？因此，本章对创新型城市建设过程中的上述特征事实进行了识别，并结合创新型城市试点政策推进的三个阶段进行相应分析。

一、创新型城市分布与创新要素投入

中国的城市群多以临近省（区、市）的城市为基本单元，相应的创新型城市在各省（区、市）之间的分布反映了各城市群创新要素投入的基本情况，因而，在识别创新型城市试点政策对创新要素投入的影响之前，先考察了创新型城市分布的省（区、市）特征，以便从空间经济视角对创新型城市引致创新要素投入增加，进而产生积极的产业集聚效应与知识溢出效应进行分析。创新型城市在各省（区、市）的分布特征，如表3－1所示。

表3－1　　　　　创新型城市在各省（区、市）的分布特征

省（区、市）	试点名单	数量（个）	省（区、市）	试点名单	数量（个）
江苏	南京、常州、连云港、镇江、南通、泰州、扬州、盐城、无锡、苏州	10	北京	海淀区	1
			天津	滨海新区	1
			上海	杨浦区	1

① 《科技部、国家发展改革委关于印发建设创新型城市工作指引的通知》. http://kjt. yn. gov. cn/tzgg/xgwd/201703030003. pdf.

省（区、市）	试点名单	数量（个）	省（区、市）	试点名单	数量（个）
浙江	宁波、嘉兴、杭州、湖州	4	安徽	合肥	1
山东	济南、青岛、济宁、烟台	4	湖南	长沙	1
河北	石家庄、唐山、秦皇岛	3	山西	太原	1
江西	南昌、景德镇、萍乡	3	吉林	长春	1
湖北	武汉、襄阳、宜昌	3	黑龙江	哈尔滨	1
河南	郑州、洛阳、南阳	3	广西	南宁	1
新疆	乌鲁木齐、昌吉、石河子	3	海南	海口	1
广东	广州、深圳	2	重庆	沙坪坝区	1
内蒙古	呼和浩特、包头	2	四川	成都	1
辽宁	沈阳、大连	2	云南	昆明	1
福建	福州、厦门	2	甘肃	兰州	1
贵州	贵阳、遵义	2	宁夏	银川	1
陕西	西安、宝鸡	2	青海	西宁	1

资料来源：笔者根据《建设创新型城市工作指引》整理而得。

由表 3-1 可以看出，创新型城市多为经济发达程度较高、科技创新实力较强的城市或部分省（区、市）的省会（首府）城市与各直辖市的核心区。其中，创新型城市数量较多的江苏省、浙江省、河北省、江西省与湖北省，分别是长三角城市群、京津冀城市群以及长江中游城市群的主要省份。城市群内部各城市通过对创新要素的市场竞争，突破了原有的行政区划限制，对强化创新型城市之间的创新联系，形成区域性创新系统具有重要意义。有研究表明，当前中国的城市群内部均存在着"竞争与合作并存"的现象（赵曦和司林杰，2013）。在创新型城市进入高质量发展阶段的现实背景下，如何开展有效的区域创新合作，整合区域创新资源，探索区域一体化协调发展机制，构建有助于创新要素自由流动、资源优化配置的开放环境，对创新型城市的发展尤为重要。因而，本章将从城市群视角，对于创新型城市的分布特征，以及创新要素投入的数量进行识别。

　　长三角城市群①、珠三角城市群②、京津冀城市群③与长江中游城市群，④ 作为中国经济发展与技术创新的重要区域，截至 2018 年底，其经济总量占全国的 53.75%，人口规模占全国的 44.87%，同时，涵盖全国 49.2% 的创新型城市，但面积仅占全国的 13.65%。这表明，长三角城市群、珠三角城市群、京津冀城市群与长江中游城市群在经济集聚、人口集聚以及创新型城市集聚上，均处于较高水平。⑤ 样本城市群概况，如图 3 - 2 所示。

　　更进一步地，除了上述经济总量特征之外，长三角城市群、珠三角城市群、京津冀城市群与长江中游城市群在研发人员投入、研发经费内部支出与科技创新产出方面，在全国的总体份额中占据较大比重。因此，整合利用四大城市群的研发创新资源，充分发挥要素集聚的知识溢出效应，有助于推进城市群协同一体化发展。那么，针对这一特征事实，是否在一定程度上表明创新型城市试点政策推动了四大城市群创新要素投入增加，以及科技创新产出增长？创新型城市试点政策的实施，能否成为城市群内部城市之间创新要素投入增加的驱动因素？因此，本章对四大城市群的研发人员投入、研发经费内部支出以及国内有效专利数量进行了分析，样本城市群研发投入与专利产出占比，如图 3 - 3 所示。

----

　　① 长三角城市群所包括的城市有：上海市、南京市、无锡市、常州市、苏州市、南通市、盐城市、扬州市、镇江市、泰州市、杭州市、嘉兴市、湖州市、舟山市、金华市、绍兴市、台州市、宁波市、宣城市、滁州市、池州市、合肥市、铜陵市、马鞍山市、芜湖市、安庆市共 26 个城市（2016 年国务院常务会议通过《长江三角洲城市群发展规划》）。
　　② 珠三角城市群所包括的城市有：广州市、深圳市、珠海市、佛山市、惠州市、东莞市、中山市、江门市、肇庆市共 9 个城市（2015 年国务院下发《关于同意珠三角国家高新区建设国家自主创新示范区的批复》）。
　　③ 京津冀城市群所包括的城市有：北京市、天津市、石家庄市、唐山市、邯郸市、张家口市、保定市、承德市、沧州市、秦皇岛市、邢台市、廊坊市、衡水市共 13 个城市（2015 年《京津冀协同发展规划纲要》审议通过）。
　　④ 长江中游城市群所包括的城市有：南昌市、景德镇市、萍乡市、九江市、新余市、鹰潭市、宜春市、上饶市、吉安市、抚州市、武汉市、黄石市、荆州市、宜昌市、襄阳市、鄂州市、荆门市、孝感市、黄冈市、咸宁市、长沙市、株洲市、湘潭市、衡阳市、岳阳市、常德市、益阳市、娄底市共 28 个城市（2015 年国务院批复《长江中游城市群发展规划》）。
　　⑤ 数据来源：《中国统计年鉴 2018》《中国科技统计年鉴 2018》。

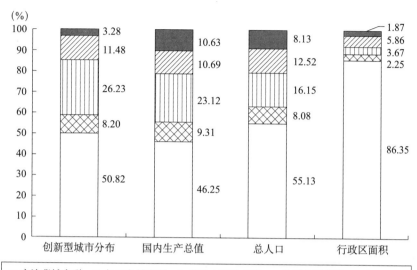

图3-2 样本城市群概况

资料来源：笔者根据《中国城市统计年鉴2018》的相关数据整理绘制而得。

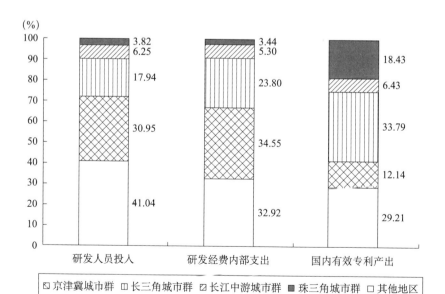

图3-3 样本城市群研发投入与专利产出占比

资料来源：笔者根据《中国城市统计年鉴2018》的相关数据整理绘制而得。

由图 3 - 3 可以看出，四大城市群在创新要素投入上的占比分别为全国 58.96% 的研发人员与 67.08% 的研发经费内部支出，并创造了全国 70.79% 的有效专利产出。具体地分样本城市群来看，京津冀城市群在研发人员投入、研发经费内部支出上分别占全国的 30.95% 与 34.55%，但相应的国内有效专利产出仅占全国的 12.14%；而珠三角城市群在研发人员投入与研发经费内部支出上，虽然仅占全国的 3.82% 与 3.44%，但国内有效专利产出占到全国的 18.43%。不同城市群创新要素投入水平的差异，为何没有对城市创新产出水平产生影响？

不同的城市群或都市圈所包含的创新型城市数量各不相同，这一特征事实既是创新型城市试点政策实施的结果，也会对未来创新型城市及城市群的发展模式产生影响。以长三角城市群与珠三角城市群为例，两个城市群内部创新型城市的占比分别为 26.23% 与 3.28%，但二者在创新产出上的差异，并不与创新型城市占比一致，即创新型城市能够促进城市群创新要素投入增加，但并非影响城市群创新产出的唯一因素，表明城市群内部势必存在不同的协同创新机制。本章认为，创新型城市试点政策的经济效应，不仅包括自身要素投入刺激经济发展的作用，以及城市之间所产生的知识溢出效应，而且，包括试点政策实施以来对城市产业集聚、全要素生产率提升与产业结构升级的影响。

在进入创新型城市全面建设阶段后，高新技术产业与现代信息技术的发展，使得具有较强创新能力的地区凭借其强大的产业支撑能力与创新基础设施获得跨区域的创新资源要素，突破传统的地理距离限制，形成更广泛的要素集聚系统与知识溢出系统。有文献指出，如要实现创新型城市的质量提升，最重要的是凭借城市间多样化的创新环境与差异性的城市特征，将知识创新塑造为创新型城市带动非创新型城市发展的重要资源（魏先彪，2017）。城市间创新协同效应的大小不仅取决于创新型城市的创新能力，而且，受到周边城市对知识溢出吸收能力的影响（马静、邓宏兵和张红，2018），因而，本书理论分析与实证检验的重点，是结合城市群与创新型城市发展异质性的特征事实，空间知识溢出推动经济发展。

二、城市制造业产业集聚特征与生产性服务业产业集聚特征

随着城市创新要素投入的不断增加，产业化规模不断扩大及社会分工程度逐步加深，城市中生产部门与研发部门分离。在创新型城市建设过程中，如何使得创新成果不是滞留在研发创新部门，仅增加科技产出水平，而是由科技创新领域进入产业应用领域，实现城市产业集聚水平提升与城市产业结构转型升级，需要明确各城市的产业集聚情况。

衡量产业集聚度的指标区位熵，用于反映某一区域相关产业发展的专业化程度，代表区域内部要素的空间分布特征，由此可以发现一定区域内产业集聚度较高且具有比较优势的产业部门。本章结合创新型城市试点政策的实施阶段，对创新型城市制造业产业集聚与生产性服务业产业集聚的特征事实进行识别，并与非创新型城市的发展特征对照，明确创新型城市试点政策的实施对于城市产业集聚的影响。制造业产业集聚的趋势演化，见图 3－4。生产性服务业产业集聚的趋势演化，见图 3－5。

从图 3－4、图 3－5 可以看出，在创新型城市试点探索阶段，创新型城市的制造业产业集聚水平呈现波动性变化趋势，生产性服务业集聚水平则呈现稳步上升趋势，表明创新型城市试点政策的实施对城市制造业产业集聚的影响并不显著，但是，显著推进了城市生产性服务业产业集聚水平的提升。当进入创新型城市全面建设阶段后可以明显地看出，创新型城市的制造业产业集聚水平呈现波动性下降的趋势，而创新型城市的生产性服务业产业集聚水平表现出先下降、后上升、再下降的趋势，且创新型城市试点政策的实施对生产性服务业的促进作用更强。

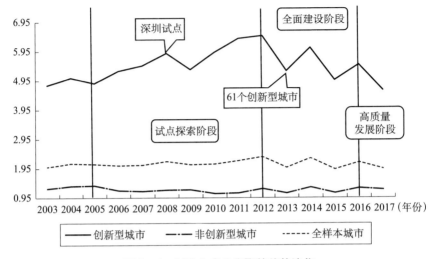

图3-4 制造业产业集聚的趋势演化

注：根据产业集聚区位熵的计算方法，得到的数值为城市制造业与总产业的比值，纵坐标的数值无单位。

资料来源：笔者根据历年《中国城市统计年鉴》的相关数据计算整理绘制而得。

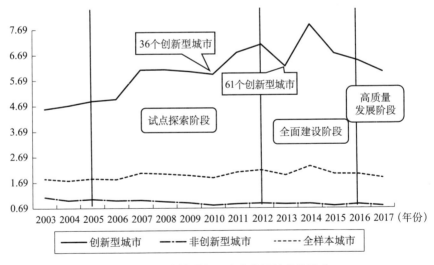

图3-5 生产性服务业产业集聚的趋势演化

注：根据产业集聚区位熵的计算方法，得到的数值为城市制造业与总产业的比值，纵坐标的数值无单位。

资料来源：笔者根据历年《中国城市统计年鉴》的相关数据计算整理绘制而得。

2013 年，61 个城市被确立为创新型城市后，城市的产业集聚水平均出现了较大幅度上升。创新型城市试点政策实施与产业集聚的关系，以及试点政策实施对制造业产业集聚与生产性服务业产业集聚的异质性影响，是否表明创新型城市试点政策的实施，对于创新型城市的产业集聚水平产生了不同于非创新型城市的政策作用？因此，本书将在第四章的理论分析与后续的实证检验中进一步验证。

三、城市产业协同集聚与产业结构升级特征

在制造业产业集聚与生产性服务业产业集聚均受到了创新型城市试点政策影响的情况下，创新型城市的产业协同集聚水平势必受到试点政策实施的影响。通过政策激励与试点建设，创新型城市实现了政策指引与产业技术选择的融合，特色产业技术、优质创新资源被引入创新型城市之中，通过产业集聚效应提升了产业关联性，降低了交易成本并推动城市产业升级。因此，创新型城市试点政策对产业集聚产生影响的同时，对创新型城市的产业结构升级势必具有相应的刺激作用。在创新型城市试点政策的作用下，城市的产业协同集聚水平与产业结构升级又呈现何种趋势？本章对这一特征事实进行了识别，产业协同集聚的趋势演化，如图 3 - 6 所示。

在图 3 - 6 中，由城市产业协同集聚的变化趋势可以看出，城市产业协同集聚水平整体呈现下降趋势。在创新型城市试点政策实施之前，创新型城市与非创新型城市之间的产业协同集聚水平差异较大；在创新型城市试点探索阶段，创新型城市整体的产业协同集聚水平呈小幅下降趋势。2010 年，随着 36 个城市实施创新型城市试点政策，非创新型城市产业协同集聚水平表现为上升趋势。这表明，创新型城市试点政策的实施不仅影响了创新型城市的产业协同集聚水平，同时，对非创新型城市的产业协同集聚水平也产生了相应作用。当创新型城市试点政策进入全面建设阶段后，可以看出，创新型城市与非创新型城市的产业协同集

聚水平呈现趋同倾向，尤其是在 2013 年 61 个城市获得试点政策支持后，城市产业协同集聚水平的差异逐渐缩小。对于创新型城市试点政策实施使得城市产业协同集聚水平不断下降并逐步趋同的特征事实，将进一步在后续的理论推导与实证检验中进行分析。

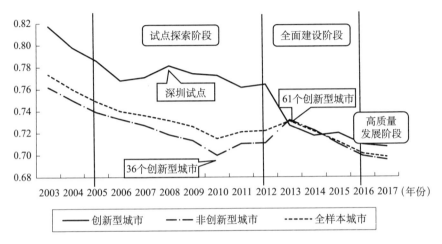

图 3-6　产业协同集聚的趋势演化

注：根据产业集聚区位熵的计算方法，得到的数值为城市制造业与总产业的比值，纵坐标的数值无单位。

资料来源：笔者根据历年《中国城市统计年鉴》的相关数据计算整理绘制而得。

衡量产业结构升级的特征，主要通过第三产业增加值与第二产业增加值之比进行计算，产业结构升级的趋势演化，如图 3-7 所示。自北京、深圳于 2005 年率先提出创新型城市建设以来，创新型城市与非创新型城市产业结构升级的差异逐步扩大，表明创新型城市试点政策的提出对于城市产业结构升级具有显著的推动作用。在 2005～2008 年试点探索阶段初期，创新型城市与非创新型城市的产业结构升级水平开始出现异质化倾向，尤其是在深圳被确立为创新型城市后，两类城市的产业结构升级差异继续扩大。在创新型城市试点政策进入全面建设阶段后可以看出，创新型城市与非创新型城市的产业结构升级水平均出现了较大幅度增长，且产业结构升级的发展差异基本保持不变。这一特征事实是否表明，创新型城市试点政策能够推动城市产业结构升级？

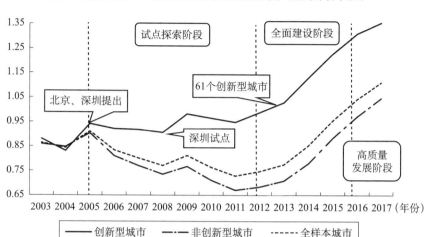

图 3 - 7　产业结构升级的趋势演化

注：根据产业集聚区位熵的计算方法，得到的数值为城市制造业与总产业的比值，纵坐标的数值无单位。

资料来源：笔者根据历年《中国城市统计年鉴》的相关数据计算整理绘制而得。

第三节　创新型城市建设的政策设计

结合前述研究发现的创新型城市建设过程中的经济现象与特征事实，本节参照《建设创新型城市工作指引》，分析了上述特征事实与创新型城市试点政策设计之间的相关性。随着科技进步与经济社会的不断融合，城市的核心功能逐步由传统的行政管理与社会服务职能，衍生出科技创新与人才集聚的功能（杜德斌，2015）。城市发展的空间特征基于特定的历史进程，也受到国家政策的重要影响。创新型城市试点政策按照指引政策的规划要求，对确定的 78 个创新型城市提出了总体部署，是一个政策设计与资源重新配置的过程。

创新型城市建设的目的在于，集聚城市创新资源、激发城市中创新主体的创新意识、促进城市产业结构升级、发挥各城市的创新作用，实现城市创新对社会发展的驱动效应，以及对城市群内部其他城市的示范效应和辐射效应。城市空间包含了区域创新的微观主体，对区域经济发展具有积极的促进作用，是发挥技术创新及空间溢出效应的重要力量（童纪新和李菲，2015）。科技部与国家发展和改革委于 2016 年共同制定了《建设创新型城市工作指引》，进一步明确了城市创新推动经济发展的重要作用及其实现路径。强调以创新驱动与绿色低碳为原则，以创新投入驱动与创新要素集聚为重点任务，并构建以创新要素集聚能力、产业竞争力与创新环境建设为主要指标的综合评价体系，发挥城市创新以点带面的能力，以创新型城市建设推进创新要素集聚。在创新型城市科技创新投入层面，对创新型城市的研究进行总结分析发现，自被确立为创新型城市以来，研发经费支出占城市 GDP 比重逐年增加，且增幅超过非创新型城市的平均增长水平。创新型城市的产业升级速度与地区城市创新网络的形成速度快于非创新型城市，东部地区的创新型城市数量及区位选择与中西部地区呈现明显差异。

一、要素集聚与空间溢出的政策设计

空间经济学理论表明，经济集聚产生的外溢效应，即规模经济的正外部性，能够带来劳动生产率提高与人民生活水平改善（Behrens and Robert-Nicoud，2014）。制度设计决定了地区整合现有技术资源并转化为区域经济增长的能力，鼓励创新的制度环境对知识溢出产生加速作用。对照《建设创新型城市工作指引》中的政策要求可以看出，创新型城市的集聚效应是在创新体系构建过程中，形成创新主体的空间集聚并不断释放由要素集聚产生的创新效应。同时，创新型城市试点政策的实施构建了不同城市间的政策联系，按照增长极理论形成了创新型城市与非创新型城市的创新势能，并与传统的空间地理邻近联系形成对照，实现空间经济溢出。对照《建设创新型城市工作指引》中的指标体系可以发现，创新型城市建设正是通过空间经济学视角下，创新资本投入的外部性作用机制，以政策创新型城市的设定，构建区域不完全竞争的技术创新与要素集聚体系，进而激发后续的经济外溢效应。同时，在建设原则上，《建设创新型城市工作指引》强调要坚持地方主体，突出城市特色，鼓励建设区域性创新型城市群，加强城市之间的创新溢出效应。改善创新要素的配置体系与利用机制，构建一个涵盖各类科研主体与创新机构的创新系统，降低一系列阻碍创新要素溢出的隐形交易成本，实现城市创新要素与科技创新主体的深度融合，以及研发创新成果的开放与共享。在发展目标上，要吸引一批具有高端引领性的人才团队与创新型企业，努力打造适合技术创新的基础设施与研发平台，提升研发经费支出占城市 GDP 的比重，让科技创新成为制度安排与政策制定的核心变量、区域发展的战略资源以及整体实力的重要支撑，为创新要素集聚打下坚实的基础。在重点任务上，《建设创新型城市工作指引》强调，要在确保政策落地的基础上，提升政策实施的灵活性，降低区域内的制度性交易成本，改善各类制约创新要素的隐形门槛，优化创新要素获取机制与流动体系，形成相应的规模效应、聚合效应、品牌效应与吸附效应，并有效地改善创新资源的优化配置情况，促进创新要素高效利用。

二、产业结构升级的政策设计

卓有成效的政策实践源于精准的政策设计，产业结构升级是一个系统而深刻的发展进程，对照《建设创新型城市工作指引》中的制度要求与政策设计，可以梳理创新型城市试点政策在产业结构升级中的基本思路。在指导思想上，《建设创新型城市工作指引》强调，要突显技术创新在供给侧结构性改革与社会创新驱动上的引领性作用、关键性作用与基础性作用，尤其是在产业结构转型升级与重大领域技术突破方面，需要重点营造社会整体的创新创业生态，打造引领高技术产业创新的空间载体，培育高技术人才与科技企业等新生力量，发展政府与企业的营商关系，为产业结构整体优化升级提供良好的政策环境、技术环境与现实环境。[①] 在重点任务上，要激发科技型中小企业的市场创新活力，并与社会经济发展相互融合，探索其与科研院所的合作模式，形成科技竞争力强的产业集群与高效协作的空间创新格局。《建设创新型城市工作指引》强调，以市场主体对产业发展的需求为根本导向，形成与创新产业相关的技术联盟，进而以产业链的形式强化创新型城市一体化的发展布局，以产业集聚助推经济结构转型与资源高效利用。[②] 在政策激励上，《建设创新型城市工作指引》重视创新环境建设与产业竞争力提升，重点考核了高新技术企业数量占总体规模以上工业企业比重，以及相应的主营业务收入所占比重，同时，将城市知识密集型服务业增加值占国内生产总值的比重作为产业结构升级的重要衡量标准。其中，知识密集型服务业代表城市产业结构升级程度，以及科技创新产业人才的集聚程度，主要包括科学研究与技术服务业，信息传输、软件和信息技术服务业，金融服务、商务服务与租赁服务业。对于知识密集型服务业的政策性支持，为城市产业结构升级与经济一体化发展提供了制度保障。有文献指出，经济高质量发展源于区域间一体化的制度安排，产业协同及产业结构优化作为一体化发展的重要支撑，受到了要素配置与生产效率的共同影响，而二者正是经济高质量发展的核心内涵与政策重点（陈喜强和邓丽，2019）。《建设创新型城市工作指引》的要求，为本书衡量产业结构升级，以及对科技创新人员进行系统核算，提供了重要的参考样本与研究依据。

三、特色创新的政策设计

作为创新性的政策措施，创新型城市试点政策除构建普遍性指标外，还允许各城市设定特色指标以实现城市的自主创新发展。其中，各级政府更倾向于产业措施调整以实现既定的政策目标，这不仅源自地方

---

①② 《科技部 国家发展改革委关于印发建设创新型城市工作指引的通知》. http://kjt. yn. gov. cn/tzgg/xgwd/201703030003. pdf.

政府在引致创新上的实施成本与收益权衡，同时，产业层面的调整能够在全局层面调动微观的生产要素，优化资源的配置结构，激发自主创新潜力，提升要素的使用效率（陈喜强和邓丽，2019）。在指导思想上，《建设创新型城市工作指引》明确提出，要以政府治理能力创新为契机，发掘各城市特色的技术创新路径与创新发展模式，突出各城市区位优势、资源禀赋与产业特征，明确各城市的发展任务与重点发展方向。在发展任务上，需要结合各城市产业园区特色，强化创新企业培育模式，将科技型中小企业作为产业园区发展的重点对象。同时，巩固创新基础设施与创新载体建设，将各城市经济技术开发区、高新技术产业园区与国家自主创新示范区作为创新型城市试点政策实施的重要载体，突出各园区差异化特色优势，实施错位发展。与此同时，人才引进与人才培养是各城市特色创新的重要组成部分，《建设创新型城市工作指引》强调，要在引进模式、流动体系以及服务保障上完善相应的人才体系，同时，发挥政府引导、市场调节以及企业培育的多元化作用。尤其是对于高技术产业科研人员，需要建立具有针对性的市场化、科学化的人才评价体系，确保科研人员得到合理的收入激励（胡兆廉和陈秋玲，2019）。最后，强化创新在社会民生中的特色应用，以创新驱动构建资源节约型与环境友好型社会，解决绿色发展难题，是社会的责任，更是民众的期待。在突显特色创新的同时，结合城镇化、信息化、工业化与农业现代化的发展需要，推动城乡协调发展与区域协调发展，实现生态宜居共筑、医疗服务共享、和谐社会共建的社会民生环境，最终打造成覆盖广、成本低、质量高的特色公共服务体系。

第四节　本章小结

本章重点从创新型城市分布与创新要素投入、产业集聚特征与产业结构升级两个方面，梳理了创新型城市试点政策的发展历程及其影响城市产业发展的特征事实。有关创新型城市实施阶段的划分与特征事实的识别,为本书后续的作用机制分析与研究假设提出奠定了基础。

创新型城市试点政策的演进历程主要分为三个阶段,分别是政策的试点探索阶段、全面建设阶段、高质量发展阶段。其中,试点探索阶段主要分析了在 2008 年深圳被确立为国内首个创新型城市之前,各城市有关建设创新型城市的探索,以及到 2012 年全国大范围建设创新型城市之间,国内多个城市对实施创新型城市试点政策的初步推进。随后,在 2013 年部分三线城市、四线城市也被批准为创新型城市,标志着创新型城市试点政策进入全面建设阶段。2016 年,国家发展和改革委与科技部共同制定了《建设创新型城市工作指引》,并提出了相关的指标考核体系,标志着创新型城市由全面建设阶段逐步向高质量发展阶段迈进。最后,从 2016 年至今的高质量发展阶段,国家有关部门对创新型城市进行评估,在 2018 年新增 17 个创新型城市,进一步深化创新型城市的整体布局。

在此基础上,结合创新型城市试点政策的实施阶段,本章对城市创新要素投入及城市产业发展的特征事实进行了识别,分别对创新型城市的分布特征与创新要素投入特征、创新型城市的要素集聚特征与产业集聚特征、创新型城市的技术选择特征、产业结构升级特征与区域创新系统特征进行分析。

在创新型城市分布与创新要素投入上,发现创新型城市主要分布于经济发达的沿海地区,如江苏、浙江、山东分别位列前三名。从城市群视角来看,长三角城市群、京津冀城市群、珠三角城市群以及长江中游城市群拥有较多的创新型城市,同时,四大城市群在创新要素投入与科技创新产出上仍然位居全国前列。这为分析创新型城市的空间特征及创新要素投入的知识溢出效应,提供了良好的实验样本。

在此基础上,本章从创新要素投入增加引致的产业集聚角度出发,继续对创新型城市试点政策影响城市产业集聚的特征事实进行分析,发现创新型城市样本的制造业产业集聚水平与生产性服务业产业集聚水平均高于非创新型城市样本,且随着试点政策的实施与推进,创新型城市的制造业产业集聚水平与生产性服务业产业集聚水平均呈现较大幅度的变动。

随后，本章对城市的产业协同集聚水平与产业结构升级趋势进行了识别，发现产业协同集聚水平不断下降而产业结构水平不断上升的特征事实，相应的发展趋势转折节点与创新型城市试点政策的推进与实施阶段相互契合，进一步强化了对创新型城市经济效应的研究探索。

最后，本章对上述特征事实与创新型城市试点政策设计之间的内在关系进行了分析，主要分析了《建设创新型城市工作指引》中的要素集聚与空间溢出的政策设计、产业结构升级的政策设计以及特色创新政策设计。

第四章 创新型城市试点政策的经济效应：理论机制与研究假设

前述章节对创新型城市试点政策的实施阶段与特征事实进行了识别，认为试点政策引致的创新要素投入增加，能够对城市产业集聚产生积极影响，进而在区域性城市群的范围内产生知识溢出效应，并推动城市全要素生产率提升与产业结构升级。创新型城市试点政策不仅能够在微观层面提升全要素生产率水平，而且，能够从中观层面或宏观层面促进行业或区域的产业集聚与结构升级。本章将结合前述章节发现的特征事实与创新型城市试点政策的实施阶段，从创新要素投入与全要素生产率提升的微观层面，以及产业集聚与产业结构升级的宏观层面两个角度阐释创新型城市试点政策的理论机制，并在此基础上提出研究假设。

第一节 创新型城市试点政策的产业集聚效应

创新型城市试点政策通过政策指引的方式，增加了创新型城市创新要素的投入数量，一方面，将通过提升创新型城市的要素资源禀赋，促进产业集聚发展；另一方面，创新型城市试点政策产生的产业集聚效应，不仅提升了创新型城市的产业生产效率与技术创新水平，同时，会通过知识溢出效应促进创新型城市以外区域的产业发展。中国技术创新的需求强度与技术供给强度源自中国的产业规模优势，这在一定程度上促进了国内的技术创新与全要素生产率提升，以及产业结构转型升级（蔡昉，2017）。与此同时，新兴的产业部门借助技术创新优势与科技成果转化优势，在规模经济条件下进一步扩大生产规模，强化了高技术产业要素集聚，完善了产业生产链条，以此形成对传统产业的挤出效应与替代效应。以劳动生产率、资本效率提高为特征的技术创新，将通过强化产业联系与重新配置社会资源，以及深化社会分工体系，进一步推动产业要素向高技术产业集聚，形成产业升级与产业结构转型的现实路径（Duarte，2010；李政和杨思莹，2017）。因此，创新型城市试点政策从试点探索、全面建设，乃至进入高质量发展阶段形成更广泛的区域性创新系统，均体现了政策设计对技术选择模式的影响。由此看来，创新型城市试点政策通过创新要素投入增加推进了相关产业集聚，同时，运用政策构建的偏向性技术选择体系，强化了对生产性服务业产业集聚的支持，在符合规模经济的条件下，实现整体产业结构转型升级与全要素生产率提升。

一、创新型城市产业集聚的理论分析

基于创新型城市试点政策的实施阶段与识别出的城市产业发展特征事实可以发现，试点政策通过引致创新要素投入增加与创新型城市建设，推进了城市产业集聚发展。更进一步地，创新要素资源禀赋的提升，主要通过以下三种渠道对产业集聚产生影响。

首先，创新要素投入水平的提升，通过降低企业的生产成本促进产业集聚。创新型城市试点政策的实施选取了区域性代表城市，使得先进的生产经验、管理模式外溢，城市内企业的生产运营风险降低，节约了创新型城市相应产业部门与企业的生产成本。同时，能够使企业在更短的时间内获取外部知识，降低企业的研发创新成本。

其次，创新要素投入增加提升了企业对隐性知识的创新能力，进而通过企业之间的知识共享促进相关产业集聚。创新要素资源禀赋的提升使得企业更容易学习新知识，不仅有助于企业下一阶段的生产，而且，能够通过企业内部的消化吸收，形成隐性知识的再创新，提升企业的创新能力并加速产业集聚，形成新一轮的知识创新与溢出扩散。

最后，创新要素投入增加能够提升创新型城市的知识存量，形成知识集聚洼地，推动城市产业集聚的发展。通过创新型城市试点政策实施，创新型城市实现了整体知识存量增加，企业生产对新知识的渴求，使得知识存量较高的地区吸引更多企业进入，进而实现创新型城市的产业集聚发展。因此，创新型城市试点政策实现了对产业集聚的刺激，故本节基于政策指引下创新要素投入的增加提升城市要素资源禀赋的客观条件，对创新型城市产业集聚的作用机制进行推导，以寻求创新型城市试点政策对产业集聚的内在影响机理。

本节从柯布－道格拉斯生产函数出发，论证通过提升创新型城市的创新要素资源禀赋，进而推动创新型城市产业集聚发展。假设各城市的生产函数遵循规模报酬不变的柯布－道格拉斯生产函数，即：

$$Y = AK^{\alpha}L^{\beta}, \alpha + \beta = 1 \qquad (4-1)$$

在式（4-1）中，Y、K、L 分别表示各城市的产出水平、资本要素投入水平与劳动要素投入水平，α 表示资本的产出弹性，β 表示劳动的产出弹性，A 代表城市技术创新水平。中国农业与非农产业间的要素再配置效应不断削弱，技术创新所产生的产业集聚效应主要表现为第二产业、第三产业之间以及产业内部生产要素的再配置效应，因而，按照产出水平对城市产业进行拆分，构建对应的第二产业、第三产业的生产函数：

$$Y_i = A_i K_i^{\alpha_i} L_i^{\beta_i}, \alpha_i + \beta_i = 1 \qquad (4-2)$$

在式（4-2）中，$Y = \sum Y_i$、$K = \sum K_i$、$L = \sum L_i$，i 表示该城市的不同产业（i = 2，3 分别表示城市的第二产业、第三产业）。为了结合创新型城市的政策简化讨论范围，以制造业表示第二产业，以生产性服务业表示第三产业。产业集聚水平的提升不仅体现在总产值上，人均产出的变化也是产业集聚的重要表现，因而，以人均生产函数形式表述：

$$Y_i/L_i = A_i (K_i/L_i)^{\alpha_i} \qquad (4-3)$$

创新型城市通过试点政策的实施引致创新要素投入增加，提升城市创新要素的投入水平，改善城市创新要素的资源禀赋状况。既有研究表明，劳均资本反映了城市要素资源结构的组成，同时，产业部门的要素密集度内生取决于该城市的要素资源禀赋（林毅夫，2002），即最优要素结构度（K_i/L_i）* 与该城市实际的资本禀赋 K 与劳动禀赋 L 满足特定的函数关系：

$$(K_i/L_i)^* = F(K/L) \tag{4-4}$$

由此可见，随着创新型城市创新要素投入的不断增加，城市实际资本禀赋 K 与劳动禀赋 L 得到不断提升，具备了产业集聚的必要条件。另外，制造业与生产性服务业的创新要素投入及函数关系依赖于城市产业的技术创新水平，因而，技术创新水平（A）是决定产业技术发展与产业集聚的另一个关键因素。创新型城市通过增加创新要素投入，提升了创新型城市的要素资源禀赋，相应的技术创新水平得到提升。在此，借鉴林毅夫（2002）关于技术选择指数的设定，以最优要素禀赋产业的资本劳动比率与该地区资本劳动比率的比值，反映该地区技术创新对产业集聚的作用强度。公式为：

$$TCI_i = \frac{K_i/L_i}{K/L} = (Y_i/L_i)^{\frac{1}{\alpha_i}} (Y/L)^{-\frac{1}{\alpha}} \frac{A^{\frac{1}{\alpha}}}{A_i^{\frac{1}{\alpha_i}}} \tag{4-5}$$

式（4-5）表明，城市技术创新的基础源自城市的要素资源禀赋及其技术创新水平。对式（4-5）移项并以人均形式表达可得：

$$Y_i/L_i = TCI_i^{\alpha_i} (Y/L)^{\frac{\alpha_i}{\alpha}} \frac{A_i}{A^{\frac{\alpha_i}{\alpha}}} \tag{4-6}$$

据此可知，在式（4-6）中，技术选择指数不变的情况下，制造业与生产性服务业的人均产出（Y_i/L_i）受到技术创新水平及国民经济人均产出水平（Y/L）的约束。在创新型城市试点政策提升创新要素投入水平的条件下，制造业与生产性服务业的人均产出水平将会增加，通过试点政策的实施，城市创新要素禀赋与产业集聚水平得到提升。另外，在国民经济人均产出（Y/L）不变的情况下，技术选择指数的大小成为决定制造业产业集聚水平与生产性服务业产业集聚水平的关键。创新型城市试点政策对知识密集型产业的支持，使得第三产业即生产性服务业相比于其他产业获得了更多要素投入，资本产出弹性更大。在 $\alpha_3 > \alpha > 0$ 时，即第三产业的产业资本产出弹性大于产业平均产出弹性且为正的情况下，技术创新要素投入的增加对生产性服务业产业集聚水平具有正向影响。

在生产性服务业产业集聚水平提升的条件下，产业间交易成本降低，产业关联性进一步提升，这将会间接地推进城市制造业产业集聚与整体产业集聚的发展。同时，在生产性服务业得到充分发展，即生产性服务业集聚度超过制造业集聚度时，创新要素投入的增加将进一步促进制造业产业集聚发展。这表明，改变要素禀赋结构中资本相对稀缺的状况，以技术创新提高产业的资本劳动比率，能够增加资本产出弹性，有效地提高产业的人均产出水平，进而提升劳动生产率，使得高劳动生产率的产业占据较大的产业份额，实现城市产业集聚发展，这便是创新型城市试点政策通过创新要素投入增加促进产业集聚发展的作用机制，为本书后续的实证分析提供了数理支撑。本书认为，创新型城市试点政策能够通过创新要素投入增加，推动城市产业集聚发展，但试点政策究竟促进了制造业产业集聚发展还是促进了生产性服务业产业集聚发展，需要结合创新型城市试点政策的具体实际与城市特征进行分析。

二、创新型城市试点政策技术选择的偏向性影响

通过对创新型城市技术选择模式的作用机制分析，本书发现，在政策技术选择的作用下，创新要素提升了产业的要素资源禀赋，推动了产业集聚水平的提升。与此同时，第三章的特征事实分析表明，创新型城市不同实施阶段下的技术选择模式使得创新型城市试点政策的实施，对制造业产业集聚与生产性服务业产业集聚并非产生同样的影响，可能导致产业集聚出现偏向性。那么，在创新型城市试点政策实施通过创新要素投入增加提升城市要素资源禀赋的条件下，试点政策的技术选择特性究竟通过何种方式对城市产业集聚产生偏向性影响？本节将对此进行

分析。

政策引致创新要素投入的增加，为创新型城市提供了充裕的创新要素资源，可以根据创新型城市的需要选择合适的创新要素，实现对创新要素资源的质量筛选，进而通过技术选择模式促进创新型城市的产业集聚发展。技术创新不仅代表科技成果数量的增加，更重要的是对前沿性科学技术的产业化应用，要求在技术创新成果转化过程中，能够经受创新试错与市场检验。前述研究表明，创新型城市的技术选择特征增加了企业潜在技术的可利用程度，满足了高技术企业的研发创新要求，推动了技术创新成果的产业化应用，将对生产性服务业产业集聚产生积极影响。诚然，将前沿性科技成果进行产业化应用，满足了城市技术创新发展的需要，而生产性服务业只有在形成一定规模的情况下才能够有效地推动制造业的发展。因而，制造业生产需要相应的生产性服务业支持，在创新要素投入直接强化了生产性服务业的基础上，相应的生产性服务业能否将创新成果转化为相应的科技创新产出并支持制造业发展，成为创新型城市试点政策推进制造业产业集聚的关键环节。

如果技术选择的研发创新产品在产业化应用过程中遇到困难，那么，即使创新型城市试点政策实现了相应的生产性服务业产业集聚，但是相应的制造业产业集聚增长缓慢。这表明，虽然制造业发展具有了相应的生产性服务业基础，并成为技术占优的生产方式，但是，在创新要素投入不断增加的条件下，继续强化对生产性服务业的集聚，成为创新型城市产业集聚的最优途径，城市产业集聚模式将表现出"重服务，轻制造"的倾向。有学者对这一偏向性产业发展现象进行了研究，并发现技术占优的生产方式在市场竞争中可能处于劣势地位，使得创新型城市在技术生产方式的选择过程中，势必结合自身特色选择更有助于保持城市持久竞争力的技术组合，但这未必有利于制造业产业集聚与发展，因而创新型城市所形成的产业集聚模式是一种偏向性产业集聚模式（李小平和李小克，2018）。由此可见，创新型城市试点政策能够实现生产性服务业集聚，但技术选择的偏向性使得试点政策对制造业产业集聚可能并未产生显著影响。由此，提出以下假设：

假设 4－1：创新型城市试点政策的实施，将会对制造业产业集聚程度与生产性服务业产业集聚产生偏向性影响，即出现"重服务，轻制造"的产业集聚倾向。

三、创新型城市产业集聚的协同性分析

随着中国经济逐步由"工业导向"向"服务导向"转型，以及生产专业化水平与社会分工程度不断加深，在产业发展的同时，城市服务业尤其是生产性服务业逐步与城市制造业分离，进而出现了制造业产业集聚与生产性服务业产业集聚的不同特征，因此，产业集聚的协同性问题应当得到进一步关注。既有研究从创新型城市的人才集聚效应与微观企业投资的激励效应两方面，对创新型城市运用统一的政策框架推进产业协同集聚的问题进行了分析，并发现创新型城市试点政策的框架设计，引致了高技术产业创新人才集聚并促进了高技术企业在创新型城市的投资。同时，不同的城市规模、城市等级与城市人口数量等异质性特征也对创新型城市试点政策的产业集聚效应产生不同影响。由此可见，在创新型城市试点政策实施过程中，创新型城市若要实现产业集聚的协同发展，构建一套统一协调的技术选择机制，对推动创新型城市技术成果的转化过程十分必要。

通过对创新型城市偏向性技术选择模式的分析，发现创新要素在创新型城市试点政策的作用下，更有助于促进生产性服务业的发展，这可能忽视了对制造业产业集聚的影响。当生产性服务业产业集聚水平在创新型城市试点政策的作用下超过了制造业产业集聚水平后，制造业将成为技术占优的产业部门，试点政策的经济效应将表现为也促进制造业产业集聚。即在试点政策初期，生产性服务业产业集聚水平低于制造业产业集聚水平时，创新型城市试点政策的经济效应将表现为只推动生产性服务业产业集聚发展；在生产性服务业产业集聚水平较高时，试点政策的经济效应将表现为同时促进制造业产业集聚与生产性服务业产业集聚。

综合来看，无论生产性服务业产业集聚水平是否超过了制造业产业集聚水平，创新型城市内含的偏向性技术选择模式都将产生偏向性的产业集聚效应，因而，创新型城市试点政策的实施未必有助于产业集聚的协同发展，正如本书在特征事实分析中陈述的一样，试点政策的推进使得产业集聚的协同性不断降低。创新型城市试点政策在创新要素投入上的增加，为城市创新与产业发展带来了一定拥挤效应，竞争的外部性使得部分缺乏创新性的要素被迫转移或淘汰，形成对相关集聚产业的筛选。这表明，创新型城市试点政策的技术选择特征虽然有助于生产性服务业产业集聚发展，但技术选择的偏向性可能对城市产业协同集聚水平产生不利影响。由此，提出以下研究假设：

假设 4 - 2：创新型城市试点政策的偏向性产业集聚模式，将抑制制造业产业集聚与生产性服务业产业集聚的协同发展。

第二节 创新型城市试点政策的知识溢出效应

在论证了创新要素投入增加引致产业集聚效应的基础上，创新型城市试点政策通过何种作用途径推进城市知识溢出发展，是需要进一步论证的问题。创新研发要素投入的数量与质量及其配置情况，作为衡量国家创新能力的重要标准，能够在推进创新驱动的基础上，提升创新要素投入水平，进而通过产业集聚效应实现产业转型升级（范斐、杜德斌和李恒等，2013）。作为准公共物品的科技创新要素资源，其投入水平的提升对经济发展具有正向的外部性，因而，政府的创新政策支持可在一定程度上弥补要素市场配置的缺失状况（Ogbolu，2012）。在创新型城市试点政策实施过程中，由试点政策设定的区域性增长极，其创新性生产要素投入的增加不仅将对自身的经济发展产生积极影响，而且，对其他地区经济发展也将产生重要作用。本节将重点从创新要素投入的空间相关性出发，论证创新型城市试点政策在实现产业集聚的基础上，对区域经济发展产生知识溢出效应的理论机制。

一、创新要素投入及其空间相关性

随着城市发展不断向新型城镇化方向迈进，以技术创新驱动城镇化发展成为中国经济增长的内在动力。创新驱动下的城镇化发展需要构建新型城镇化的创新体系，而创新型城市试点政策分别从效益、动力、质量等方面对创新要素投入做出了重点设计（陈昌兵，2018）。以政策激励创新要素投入增加，推动中国的经济增长，需要按照市场机制与区域实际相结合的方式进行相应的顶层设计。根据增长极理论，大城市的整体生产力水平相对较高，在区域性创新系统与市场机制中占据优势地位。因而，创新型城市试点政策对创新要素投入的增加，势必合理利用大城市对区域辐射的空间优势，发挥创新型城市的支配作用进而推进城市创新产出水平的提升。创新型城市试点政策通过不断推进，形成了城市之间的政策性创新势能，使得城市之间的政策关联成为知识溢出的重要渠道。在这一政策构想的基础上，作为知识溢出的必要条件，需要对创新要素投入的空间相关性展开进一步探索。

在城市创新要素投入产生空间效应的理论机制分析中，创新要素的知识溢出效应及其空间协同作用，被认为是技术创新驱动经济发展的重要方式。因此，创新型城市的政策目标并不仅限于创新型城市自身创新能力及产业集聚水平的提升，政策的空间溢出效应所带来的区域性经济增长与协调发展，也是创新型城市试点政策考虑的重要方面。这就需要在政策实施引致创新要素投入增加的过程中，充分考虑创新要素投入的空间相关性问题。

本书认为，创新型城市的空间溢出路径主要有三种，即政策关联溢出路径、地理邻近溢出路径和空间距离溢出路径。通过创新型城市试点政策的实施，部分城市成为创新型城市，形成的政策差异势必对非创新型城市产生影响。同时，地理邻近与空间距离的空间关系作为传统的知识溢出路径，在技术创新的集聚、扩散过程中也将发挥重要作用。也就是说，在创新型城市试点政策实施过程中，形成了创新要素投入的政策联系，对创新型城市空间相关性的识别与检验，是明确创新型城市试点政策作用机制及其知识溢出路径的重要环节，也是后续理论分析与实证检验的基础，因此，需要对创新要素投入的空间相关性进行进一步分析。需要补充的是，虽然政策关联的溢出路径与传统的地理邻近或其他技术溢出路径存在交叉，但创新型城市试点政策所产生的城市空间联系与地理邻近联系存在不同之处，同时，基于创新型城市试点政策效应的研究，也要求对于创新型城市的政策联系进行分析。

创新要素投入的空间相关性是知识溢出的重要前提，而知识溢出效应的大小受到诸多因素的影响。其中，高技术产业集聚作为技术创新促进经济增长的重要因素，能够通过产业结构合理化与产业结构高级化两种方式实现对经济增长的正向溢出。另外，创新型城市的不断推进能够在空间上实现创新要素集聚发展，加速技术创新进程，为经济增长与产业结构升级提供动力。有研究表明，创新要素集聚形成的"公共知识池"及其知识溢出效应将推动地区产业结构变革，并进一步加速创新活动及创新要素的空间集聚，呈现不断强化的空间关系（Rodriguez，2014）。

除了创新要素投入需要考虑的区域性产业结构特征之外，外商投资水平、财政支出状况、金融发展规模、城市化进程等也被认为是影响区域经济发展与技术创新的重要因素。进出口贸易以及对外直接投资等，是获取国际先进技术与促进本国创新要素集聚的主要渠道，也是影响区域经济发展的重要组成部分。在自主创新与能源效率提升上，政府财政补贴支持了企业的自主研发创新，环境税费倒逼了能源清洁技术的应用，二者通过提升能源的利用效率促进了区域经济发展。另外，金融体系作为配置现代创新资源的重要途径，金融配置效率的提升对于改善实体经济的发展环境，促进经济高质量发展具有重要作用。而城市化进程推进了生产要素的空间集聚，有助于集聚地的研发创新，在知识外部性作用下向临近区域溢出，对区域经济发展形成正向的扩散效应与技术外溢。由此可见，在考虑创新要素投入空间相关性的基础上，对于创新型城市试点政策空间计量模型的构建，需要考虑上述多种因素对于创新要素投入驱动经济发展的现实影响。

综合来看，技术创新与创新要素投入的空间相关性能够强化区域经济联系，创新型城市引致创新要素投入增加，势必通过要素投入的空间相关性来激发后续的知识溢出效应，对于创新要素空间相关性的识别是本书后续研究的基础。另外，创新要素的流动性及其空间配给机制，应当作为新经济增长理论的重要依据，凸显其在强化区际创新联系、降低区域交易成本方面的重要影响。作为外生变量的技术进步，并不能直接解释人均产出增长，而经济增长作为区域发展追求的目标，高经济增长区与低经济增长区在现实中存在差异化的集聚现象，导致相应的区域要素并非随机均等分布，因而，经济增长同样存在一定的空间相关性。由此可见，若要实现创新型城市既定的产业集聚与全要素生产率提升的政策目标，创新要素的投入水平及区域经济发展势必具有一定的空间相关性。由此，提出以下假设：

假设 4 - 3：创新型城市建设过程中，由政策引致创新要素投入数量的增加与区域经济的发展水平存在空间相关性。

二、创新型城市试点政策引致创新型城市知识溢出的路径分析

在空间相关性分析中，地理邻近被认为是知识溢出的重要渠道，而创新型城市的特殊性即在于通过创新型城市试点政策的实施，构建了城市之间的政策相关性。创新要素资源对于城市产业发展具有积极的促进作用，政府具有引导创新要素在产业间优化配置的强烈愿望，由此通过创新型政策刺激城市创新产出增加。既有研究表明，政策激励对经济主体的作用，源于政府对市场信息的搜集与整合，进而向城市与企业输出的导向性过程（Farla，2014）。政府主体结合宏观经济形势与地区产业结构的实际需要，制定了创新型城市试点政策，通过政策联系构建城市之间的创新势能，由此向要素市场释放积极的政策信号，使得要素资源向高技术产业集聚并不断优化产业间配置，进而产生积极的知识溢出效应。

具体来看，创新型城市试点政策构建了城市之间的创新势能，主要通过创新型城市的示范效应、虹吸效应与协同效应三种途径，发挥创新型城市试点政策的溢出效应。

首先，创新型城市试点政策具有良好的示范效应，能够通过地方政府间政策联系的相互带动作用，以及非创新型城市对创新型城市的追随与模仿，借鉴创新型城市的成功经验，实现对非创新型城市的知识溢出。

其次，创新型城市试点政策的支持将会对非创新型城市产生虹吸效应，在创新要素投入过程中，挤占其他城市的创新资源。创新型城市试点政策的实施，使得城市之间具有政策差异，通过政策设定区域增长极的方式形成城市之间的创新势能，实现创新要素的有序流动。随着创新要素不断向创新型城市集聚，通过创新型城市试点政策设定的质量考核体系将会对创新资源形成筛选，进而向非创新型城市输出一部分质量相对较低的创新要素，形成对非创新型城市的溢出效应。

最后，创新型城市试点政策的实施，使得政策相关城市及地理邻近城市进行政产学研用金等多领域的协同合作，在政策协同效应作用下整合区域性创新资源，实现创新要素投入的知识溢出效应。与传统的创新投入所产生挤出效应的模式不同，创新型城市试点政策通过营造更有助于企业主体创新投入的环境，发挥创新要素集聚的杠杆效应，降低市场风险与研发成本，刺激社会整体创新投入的增加。同时，创新型城市试点政策为中国高新技术企业营造了良好的创新环境，激发了市场主体的创新活力，相应地，产生了积极的知识溢出效应，从而推动社会整体创新产出的增加。

上述分析表明，创新型城市试点政策将通过三种途径释放其知识溢出效应，但究竟是创新型城市试点政策所构建的政策联系还是地理邻近所形成的空间关系在知识溢出中发挥更显著的作用，还需要进一步实证分析与检验。即不但需要从政策联系角度构建创新型城市的空间关系，而且，要从地理邻近与空间距离角度构建样本城市间的空间关联矩阵。

虽然技术创新的空间相关性可能低于经济活动的空间相关性，但是，地理距离因素在技术溢出过程中被忽视，创新性的制度环境能够通过降低研发风险促进产业集聚，因而政策引致创新要素的集聚度可能高于经济活动的集聚度。其主要原因在于，随着创新型城市试点政策的实施与创新基础设施的改善，空间距离对创新溢出效应的影响逐步削弱，空间可达性的提升使得研发人员等创新要素投入增加对区域创新产出的贡献超越了地理空间的限制。尤其是中国高速铁路等现代化基础设施的改善，重塑了中国空间经济的格局，使得政策激励得以释放更强的创新势能，进而通过创新要素的增加对区域经济增长产生积极的知识溢出效应。除了政策引致创新要素投入增加所产生的知识溢出效应外，既有研究文献表明，城镇化水平、外商直接投资、社会投资、财政收支状况以及产业结构也将对区域经济发展产生影响，因而，在后续的模型构建与变量选取中，将考虑上述因素对区域经济发展的作用。上述理论推断指导了本书在创新型城市实证分析中，对于创新要素投入与创新环境建设的识别与检验，以此明确创新型城市试点政策的实施对城市创新绩效的影响效果。

虽然创新型城市试点政策的激励措施与城市创新系统的构建弱化了空间距离对创新要素知识溢出的作用，但是，空间地理的临近性仍然是创新要素流动与知识溢出的重要渠道。随着地理距离的不断增加，隐性知识的作用效果逐渐衰减，地理邻近的作用优势得到凸显（Rodriguez，2014）。这一理论推断得到了新经济地理学的支持，尤其是强调隐性知识的溢出效应具有局部传递的特性，使得本书观察到创新要素投入的空间溢出作用呈现出地理邻近的集聚特征。

结合第二章的文献综述来看，虽然既有研究验证了技术创新及创新要素投入增加对经济发展的积极作用，同时，证明了城市的创新型政策能够通过高铁建设与创新基础设施的完善强化城市之间的空间关系，进而实现对城市经济超越空间的溢出效应。但鲜有文献从知识溢出视角研究政策激励效应与地理邻近溢出效应的差异，为探索创新型城市试点政策的溢出效应及其与地理邻近溢出效应的对比分析提供了研究空间。另外，创新要素投入的研究主体多为省域层面，可能导致忽视城市之间的创新异质性。因而，从城市群视角或都市圈视角构建城市之间的知识溢出关联网络，分析政策刺激创新要素投入增加对城市间的知识溢出效应，更符合创新型城市试点政策的实际情况。由此，提出以下假设：

假设 4－4：创新型城市通过示范效应、虹吸效应与协同效应的方式，对非创新型城市产生影响，城市之间的政策关联与地理邻近是知识溢出的主要途径。

三、知识溢出效应的数理证明

创新要素投入的增加与创新型城市试点政策的实施推动了城市技术创新水平的提升，对经济社会发展产生了积极的影响。前述分析虽在创新要素投入的空间相关性与知识溢出路径上作了相应分析，但尚未讨论创新要素投入及知识溢出作用机制的数理关系。本节从这一研究思路出发，借鉴既有文献，对创新型城市产生知识溢出效应的数理关系进行了推导。

本书借鉴白俊红、王钺和蒋伏心等（2017）的分析框架，综合新经济增长理论与空间经济学的理论基础，将创新型城市试点政策指引下的创新要素投入模式纳入技术创新与知识扩散的理论体系中，探讨了空间溢出效应及经济增长机制。本书与白俊红、王钺和蒋伏心等（2017）研究的区别在于：（1）本书研究的创新要素投入增加源自政策指引，而不考虑随机的或有成本的研发要素流动；（2）在产业部门的假定上，本书按照研究需要对产业部门进行简化，将制造业部门与技术研发部门合并，假定经济中仅存在传统制造业部门与知识创新部门。理论推导如下：

1. 消费者效用与传统产业生产部门

创新型城市试点政策的建立，使得区域经济中存在两类城市：创新型城市 A 与非创新型城市 B，且两类城市在初始状态下的要素分布无规律。产业部门分为：传统制造业部门（T）与知识创新部门（R）。知识创新部门集聚了创新生产要素，运用新知识生产具有差异化的创新成果与创新产品；传统制造业部门没有受到创新政策的直接作用，仍然以传统要素及传统组织模式生产无差异的产品。

假定创新型城市 A 与非创新型城市 B 的消费者效用函数相同，并且，对知识创新产品具有差异性偏好，则消费者效用函数为：

$$V = \ln\upsilon = \ln(\omega P^{-\theta}) \tag{4-7}$$

在式（4-7）中，ω 表示消费者的消费总支出，θ（$0 < \theta < 1$）表示消费者对知识创新产品的支出份额，P 表示知识创新部门创新产品的价格指数，且满足：

$$P \equiv \Big[\int_0^R p(i)^{-(\mu-1)} di\Big]^{-\frac{1}{\mu-1}} \tag{4-8}$$

在式（4-8）中，p（i）表示知识创新部门生产的差异性创新产品 i 的价格，$i \in [0, R]$。R 表示知识创新产品的种类数，且假定每个知识创新部门生产唯一的知识创新产品。μ 表示知识创新部门中差异化产品之间的不变替代弹性。

A、B 两地传统制造业部门生产无差异的产品，且处于规模报酬不变的完全竞争状态，因而，创新型城市与非创新型城市的传统部门要素报酬相同，两地的差别仅在于政策支持的知识创新部门。

2. 知识创新部门及其长期均衡

根据新经济增长理论，研发创新要素的生产力水平与地区知识总量呈正向相关关系。假定所研究的城市 city $\in$（A，B）拥有知识资本总量为 K_c，其中的研发创新要素所占比例为 ε_r，具体研发创新要素 l 拥有的知识资本总量为 h（l）。在此基础上，可以将研究的城市知识资本总量表示为：

$$K_c = \Big[\int_0^{\varepsilon_c} h(l)^{\alpha} dl + \beta_c \int_0^{1-\varepsilon_c} h(l)^{\alpha} dl\Big]^{\frac{1}{\alpha}} \tag{4-9}$$

在式（4-9）中，α（$0 < \alpha < 1$）表示研发创新要素应用于生产中的互补参数，表示相应研发创新要素的创新异质性，β_c（$0 \le \beta_c \le 1$）表示

其他城市的知识创新对本市的空间溢出情况。

知识创新部门生产的创新产品具有差异性，因而城市的知识资本存量与知识创新产品的种类 R 具有正向相关性（白俊红、王钺和蒋伏心等，2017），假定 $h(1) = \gamma R (\gamma = 1)$。因为只有创新型城市 A 与非创新型城市 B 两类，所以，$\varepsilon_A \equiv \varepsilon$，$\varepsilon_B \equiv 1 - \varepsilon$。据此，在式（4－9）的基础上，可以求出创新型城市 A 与非创新型城市 B 的研发创新要素的总量分别为：

$$K_A(\varepsilon) = [\varepsilon + \beta_A(1-\varepsilon)]^{\frac{1}{\alpha}}, K_B(\varepsilon) = [1 - \varepsilon + \beta_B \varepsilon]^{\frac{1}{\alpha}} \quad (4-10)$$

将研发创新要素总量分别对创新型城市的空间溢出程度求偏导、非创新型城市的空间溢出程度求偏导可得：

$$\frac{\partial K_A(\varepsilon)}{\partial \beta_A} = \frac{1-\varepsilon}{\alpha}[K_A(\varepsilon)]^{1-\alpha} > 0, \frac{\partial K_B(\varepsilon)}{\partial \beta_B} = \frac{\varepsilon}{\alpha}[K_B(\varepsilon)]^{1-\alpha} > 0$$

$$(4-11)$$

为便于计算，假定知识创新部门的企业数 $R = 1$，则按照份额计算，创新型城市 A 中的研发创新企业数为ε，对应的非创新型城市 B 中的研发创新企业数为 $1 - \varepsilon$。研发创新要素 l 的总收益为：

$$TR_l = IA_H + nk_l \quad (4-12)$$

在式（4－12）中，IA_H 表示研发创新要素的初始价值，nk_l 表示研发创新要素生产新知识的价值。据此，在考虑市场均衡的基础上，可以对消费者的消费支出进行细化，计算可得知识创新产品的消费者效用函数：

$$V_c(\varepsilon) = \ln\upsilon_c(\varepsilon) = \ln\{LA_H[1 + K_c(\varepsilon)]P_c^{-\theta}\} \quad (4-13)$$

若考虑研发创新要素的长期均衡，需要考虑 A、B 两地消费者效用的差异：

$$V_A(\varepsilon) - V_B(\varepsilon) = \ln\upsilon_A(\varepsilon) - \ln\upsilon_B(\varepsilon) \quad (4-14)$$

将式（4－13）代入式（4－14），并考虑三种特殊情况可得：

$$V_A(\varepsilon) - V_B(\varepsilon) \begin{cases} > 0, \varepsilon = 1 \\ = 0, \varepsilon = \dfrac{1}{2}, \text{且} \dfrac{d[V_A(\varepsilon) - V_B(\varepsilon)]}{d\varepsilon} \geq 0 \\ < 0, \varepsilon = 0 \end{cases} \quad (4-15)$$

这表明，城市研发创新要素的稳态配置方式存在三个均衡点，当 $\varepsilon = 0.5$ 时，即研发创新要素在 A、B 两类城市平均分布，当 $\varepsilon = 1$ 或 $\varepsilon = 0$ 时，即研发创新要素集聚于 A、B 两类城市中的一类城市。需要注意的是，当 $\varepsilon = 0.5$ 时，研发创新要素投入份额的微小变化均会对两地创新要素所占份额的变化产生持续影响，最终形成 $\varepsilon = 1$ 或 $\varepsilon = 0$ 的情况，因此，$\varepsilon = 0.5$ 并非区域经济的稳态均衡。政策指引的作用正是形成 $\varepsilon = 1$ 的状态，因而，创新型城市的知识创新部门，最终将拥有区域内的全部研发创新要素，形成稳态均衡。

3. 知识创新部门对经济增长的空间溢出

前述推断已经证明，研发创新要素在政策指引下形成的集聚均衡是稳定的，且创新型城市 A 最终将集聚全部研发创新要素。为便于测定，假定研发创新要素的初始分布是对称的，在对称分布向集聚分布变化的过程中，城市的知识存量与知识创新部门数量呈正相关。因此，对应的研发创新要素流量满足：

$$\Delta S_K = \frac{K_A - K_B}{2R} = \frac{1}{2}\left[\varepsilon + \beta_A(1-\varepsilon)\right]^{\frac{1}{\alpha}} - \frac{1}{2}\left[1-\varepsilon + \beta_B\varepsilon\right]^{\frac{1}{\alpha}}$$

$$(4-16)$$

在式（4 - 16）中，ΔS_K 表示研发创新要素由非创新型城市 B 向创新型城市 A 的流入量，$(K_A - K_B)/R$ 表示创新型城市比非创新型城市多的那部分研发创新要素。两类城市在初始状态下具有相等数量的研发创新要素，当研发创新要素由 B 流向 A 后，创新型城市比非创新型城市多的那部分要素，一半是本区域原有要素，一半源自非创新型城市的流入，流入量为 $(K_A - K_B)/2R$。

由式（4 - 16）可以对城市间的研发创新要素流动，求对应的空间溢出效应的偏导数：

$$\frac{\partial \beta_A}{\partial \Delta S_K} = \frac{2\beta}{1-\varepsilon}\left[K_A(\varepsilon)\right]^{\beta-1} > 0, \frac{\partial \beta_B}{\partial \Delta S_K} = \frac{2\beta}{\varepsilon}\left[K_B(\varepsilon)\right]^{\beta-1} < 0 \quad (4-17)$$

在 $0 \leq \varepsilon < 1$ 的条件下，式（4 - 17）的关系恒成立，表明在创新型

城市试点政策建设过程中，研发创新要素向创新型城市集聚，有利于创新型城市的空间经济溢出，而不利于非创新型城市的空间经济溢出。因此，需要对 A、B 两城市的整体收益进行核算，判断空间溢出效应对总收益的影响。政策作用于研发创新要素使得在总劳动力市场均衡条件下，对式（4 - 12）进行加总可得：

$$TR_T = TR_A + TR_B = L / \left\{ 1 - \frac{\theta\varepsilon}{\mu} [1 + K_A(\varepsilon)] - \frac{\theta(1-\varepsilon)}{\mu} [1 + K_B(\varepsilon)] \right\}$$

$$(4 - 18)$$

在式（4 - 18）中，L 表示投入生产中的劳动力水平。将式（4 - 10）代入式（4 - 18），求总收益关于空间溢出效应的偏导数可得：

$$\frac{\partial TR_T}{\partial \beta} = \frac{\frac{\theta L}{\mu} \left[\varepsilon \frac{\partial K_A(\varepsilon)}{\partial \beta} + (1-\varepsilon) \frac{\partial K_B(\varepsilon)}{\partial \beta} \right]}{\left\{ 1 - \frac{\theta\varepsilon}{\mu} [1 + K_A(\varepsilon)] - \frac{\theta(1-\varepsilon)}{\mu} [1 + K_B(\varepsilon)] \right\}^2} \qquad (4 - 19)$$

由式（4 - 11）可知，等号右侧的 $\frac{\partial K_A(\varepsilon)}{\partial \beta_A} > 0$，$\frac{\partial K_B(\varepsilon)}{\partial \beta_B} > 0$，因而

$\frac{\partial TR_T}{\partial \beta} > 0$，即空间溢出效应有助于区域经济的整体增长。

在式（4 - 17）与式（4 - 19）推理的基础上，结合链式法则可以求得政策指引下的研发创新要素配置对总收益的偏导数，即边际贡献为：

$$\frac{\partial TR_T}{\partial \Delta S_K} = \frac{\partial TR_T}{\partial \beta_A} \frac{\partial \beta_A}{\partial \Delta S_K} + \frac{\partial TR_T}{\partial \beta_B} \frac{\partial \beta_B}{\partial \Delta S_K} = \frac{\frac{\theta L}{\mu} \left[\varepsilon \frac{\partial K_A(\varepsilon)}{\partial \beta_A} \frac{\partial \beta_A}{\partial \Delta S_K} + (1-\varepsilon) \frac{\partial K_B(\varepsilon)}{\partial \beta_B} \frac{\partial \beta_B}{\partial \Delta S_K} \right]}{\left\{ 1 - \frac{\theta\varepsilon}{\mu} [1 + K_A(\varepsilon)] - \frac{\theta(1-\varepsilon)}{\mu} [1 + K_B(\varepsilon)] \right\}^2}$$

$$(4 - 20)$$

综合考虑式（4 - 10）、式（4 - 11）以及式（4 - 17）的结果，在 $\varepsilon > 0.5$ 的情况下，代入式（4 - 20），可得 $\partial TR_T / \partial \Delta S_K > 0$，相应地，本书进一步验证了假设 4 - 4，即创新型城市试点政策的实施能够通过政策指引与地理邻近两种作用路径，实现创新要素投入的知识溢出效应，对区域经济发展产生积极影响。

第三节　试点政策对全要素生产率与产业结构的影响

前述理论分析表明，创新型城市试点政策的实施能够对城市产业集聚与知识溢出产生积极作用。如果将上述产业与区域的作用影响视为创新型城市试点政策在中观层面产生的经济效应，那么，创新型城市试点政策的实施在微观层面与宏观层面将产生何种经济效应，是本节讨论的核心问题。因此，本书继续从创新型城市试点政策的产业集聚效应出发，分析其对城市全要素生产率提升的微观经济影响，以及对城市产业结构升级的宏观经济影响。

一、创新型城市试点政策促进全要素生产率提升

创新型城市试点政策引致创新要素投入增加，除了提升社会的创新劳动水平与创新资本水平外，还通过产业集聚效应推进城市知识溢出，并借助创新型城市试点政策构建的技术选择体系，在微观层面实现了对全要素生产率的提升。经济增长对应的全要素生产率水平主要由技术进步率与资本积累决定，要实现人均产出的正向增长需要进一步强化技术进步与资本积累，但资本积累受到资本收益递减规律的制约，因此，技术进步才是长期人均产出正向增长的关键（高培勇等，2019）。创新要素投入与经济高质量发展的过程，是经济增长集约化水平不断提高的过程，最终体现在城市创新要素配置结构转变与配置效率提升上。当前，中国的高技术产业集聚度处于较低水平，因而，创新型城市试点政策对于产业集聚进行刺激势必带来规模经济效应，这正是产业集聚推动全要素生产率提升与经济发展的主要途径。

具体来讲，创新型城市试点政策通过产业集聚形式推动产业生产效率提升，进而实现对全要素生产率的促进途径主要有以下三种。

第一，创新型城市试点政策利用知识、技术等无形的创新资源，对产业生产要素等物质资本重新组合，在规模经济下以创新的知识和技术

改造物质资本，提高物质资本的创新能力，通过产业集聚作用促进全要素生产率提高。

第二，在创新型城市推动城市产业集聚过程中，通过创新型城市试点政策的实施强化了产业关联性，产业之间对于创新技术的消化吸收能力与成果转化能力进一步提升，在知识溢出效应与循环累积效应作用下，城市全要素生产率水平进一步提高。

第三，产业集聚形成的中间投入品共享机制，为产业间降低了交易成本、加深了专业化分工体系，并通过技术外部性作用途径，继续推进新产品与新服务的研发创新，进一步提升全要素生产率水平。

值得关注的是，产业集聚的过程将会为城市创新要素带来一定的拥挤效应，而竞争的外部性使得部分缺乏创新性的要素被迫转移或输出，实现对集聚创新要素的筛选。本节认为，创新型城市试点政策激发的产业集聚对创新要素投入具有质量选择特性，使得质优的创新资源得到高效配置，并通过上述三种途径实现对全要素生产率的提升。

正如在理论基础中所提到的，根据新经济增长理论的基本内容，经济增长的动力源泉来自劳动、资本以及全要素生产率，即 $Y = A \times F(K, L)$，其中，A 表示全要素生产率水平，K 表示资本存量，L 表示劳动投入。通过对经济增长率的进一步分解可以发现，决定经济增长的因素分别是要素投入数量的增长与要素生产率的提升。前一种经济发展模式在中国改革开放以来的经济实践中被验证为行之有效，但随着"人口红利"的消退以及老龄化时代的到来，这一发展模式已逐渐失去进一步增长的潜力，因此，以创新集约化的发展模式实现要素生产率的提升成为中国经济发展的必然选择。

结合前述对产业集聚的数理分析可以发现，创新型城市试点政策的实施通过对追加的资本要素与劳动要素的优化配置提升了创新要素的配置效率，实现了技术创新与全要素生产率水平的提升。在规模经济条件下，创新型城市试点政策通过产业集聚方式，改善城市内部的创新要素配置效率与生产效率，强化产业之间的关联性，提升城市的全要素生产率水平。基于此，提出以下假设：

假设 4 - 5a： 创新型城市试点政策的实施能够通过提升产业配置效率，强化产业关联，对城市全要素生产率水平的提升产生积极的促进作用。

假设 4 - 5b： 创新型城市试点政策推动了城市的产业集聚，是试点政策促进城市全要素生产率提升的重要途径。

二、创新型城市试点政策助推产业结构升级

创新型城市作为建设创新型国家的重要载体，是各类创新资源与高技术创新产业的聚集地，能否进一步推进城市创新水平与创新能力的提升，实现城市产业结构升级，是落实创新型城市试点政策的重要任务。产业结构作为推动经济增长的重要因素，产业结构升级反映了各产业技术创新的快慢差异以及国家主导产业的发展需要，因而，产业结构升级源于经济发展对技术创新的消化速度，以及国内主导性产业的更替进程。正如前文所述，创新型城市试点政策不断推进的过程代表了产业生产效率、要素配置效率不断提升的过程，而提高产业附加值所占经济总产值的比重，是产业结构升级的重要途径，也是创新型城市试点政策实施的重要目标。社会全要素生产率的提升源于产业升级的结构红利，也是促进经济增长的根本原因（干春晖、郑若谷和余典范，2011），因此，创新型城市能够在实现其他政策目标的同时，通过以下三种途径实现城市产业结构升级。

第一，创新型城市试点政策在强化了生产性服务业产业集聚的基础上，将会对城市产业结构向第三产业转型升级产生积极的影响。区域性产业技术创新将会带来创新要素的空间集聚，进而强化区域内创新要素的竞争机制与淘汰机制，形成对创新要素的筛选，提升创新要素质量，进而在加速生产性服务业产业集聚的基础上，实现产业结构升级。

第二，城镇化进程及劳动就业效应为城市产业结构升级提供了现实基础。创新型城市试点政策实施后，城镇人口增加使得第三产业得到发

展，在产业结构变革初期，技术引进的创新模式可以通过后发优势的作用，缩小与创新水平较高地区的技术差距，促进产业结构升级。

第三，在技术创新水平与城市产业结构不断改善的情况下，创新型城市吸纳了更多劳动力，使得城市的人力资本效应得以发挥，通过自主创新促进要素生产效率提升，继续推进城市产业结构升级。

值得注意的是，创新要素投入增加引发资源错配，在产业转型发展初期难以通过市场配置机制进行自我完善，导致产业发展与人力资本的配置问题日渐凸显，并可能形成对技术创新发展的阻力。与此同时，若过度强调自主创新，忽视技术引进引发的问题，将会导致高技能劳动力偏离传统产业，抑制社会劳动生产率提升，使传统产业陷入困境。

因此，在创新型城市试点政策实施过程中，有必要通过制度框架的形式纠正人力资本与产业结构之间的错配问题，进而以技术创新与产业结构的优势作用，实现人力资本与产业结构的协调发展。即如果创新型城市试点政策能够实现生产性服务业产业集聚，而并不能对制造业产业集聚产生显著影响，那么，推动城市产业结构升级的动力，则主要依靠生产性服务业产业集聚对人力资本与产业结构的协调推进。由此可见，创新型城市由政策指引突出城市创新特色，通过政策设计的技术选择模式构建有助于城市生产性服务业产业集聚的政策体系，逐步推进产业结构升级。由此，提出以下研究假设：

假设 4 – 6a： 创新型城市试点政策的实施，能够通过人力资本效应与城镇化的推进，对城市产业结构升级产生积极的促进作用。

假设 4 – 6b： 创新型城市试点政策引致的生产性服务业产业集聚，是试点政策推进城市产业结构升级的重要途径。

第四节　本章小结

本章在梳理既有研究文献与相关理论的基础上，结合前述城市产业发展的特征事实与创新型城市试点政策的实施阶段，分别从微观层面的创新要素投入增加与全要素生产率提升，以及中观层面与宏观层面的产业集聚与产业结构升级两个视角，分析了创新型城市试点政策通过创新要素投入的产业集聚效应，对城市全要素生产率提升与产业结构升级的作用机制，并提出相应的研究假设。

第一，创新型城市通过试点建设与政策指引，增加创新型城市的创新要素投入，在提升创新要素资源禀赋的基础上实现了产业集聚，本章从产业集聚的作用机制，偏向性技术选择对产业集聚的影响以及产业协同集聚三个角度对此进行分解。在产业集聚的作用机制分析方面，本章遵循创新要素投入增加提升城市创新要素资源禀赋，并通过要素集聚强化产业之间的关联性，推进城市产业集聚发展的研究思路进行研究。

从柯布-道格拉斯生产函数出发，将创新要素资源禀赋与技术选择纳入理论分析模型，论证了二者对产业集聚的促进作用，为实证分析提供数理支持。在此基础上，本章继续讨论创新型城市试点政策的技术选择特征对偏向性产业集聚的影响，并发现制造业产业集聚与生产性服务业产业集聚可能受到技术选择的偏向性作用，使得试点政策效应产生"重服务，轻制造"的产业集聚倾向，据此提出假设4-1。更进一步地，这种偏向性产业集聚模式势必对产业集聚的协同性产生影响，因此，结合城市产业发展过程中的现实特征，提出假设4-2，即创新型城市试点政策的实施，可能对产业集聚的协同性产生抑制作用。

第二，本章分析了创新型城市试点政策通过增加城市创新要素投入，推进创新型城市建设的方式，对非创新型城市产生了知识溢出效应。本章分别从创新要素投入的空间相关性、创新型城市的空间溢出效应以及创新型城市知识溢出效应的数理推导三个方面展开。在创新要素投入的空间相关性及经济发展的空间影响因素中，大城市对技术创新要素的集聚效应与空间配置能力能够提升区域创新要素的配置效率，由此带来的产业集聚效应实现了城市联动发展，从空间上推动区域经济增长，据此提出假设4-3。

在创新型城市的空间溢出效应分析中，随着创新基础设施的改善，技术创新要素能够取得超越地理空间的政策性溢出效应，空间协同性的加强与空间计量方法的出现，为后续测算创新型城市的空间溢出效应提供了保障，据此提出假设4－4。在创新要素投入的空间作用机制与知识溢出效应的数理推导上，本章借鉴既有研究中有关技术创新与知识扩散的分析框架，并根据创新型城市试点政策的实际情况进行相应变换，对试点政策经济效应的作用机制进行理论推导，进一步印证假设4－4，以指导后续实证研究。

第三，在创新型城市试点政策促进全要素生产率提升与产业结构升级方面，本章从试点政策通过提升资源配置效率强化产业联系，以及通过产业集聚释放的人力资本效应与推动城镇化进程等方面，分别阐释了创新型城市试点政策对全要素生产率提升与产业结构升级的影响，据此提出假设4－5a和假设4－6a。更进一步地，为了验证创新型城市试点政策通过产业集聚，实现全要素生产率提升与产业结构升级的作用机制，提出假设4－5b与假设4－6b，指导了产业集聚对全要素生产率提升与产业结构升级的实证分析。

第五章 创新型城市试点政策对创新型城市产业集聚的影响

通过第四章的理论分析可以发现，创新型城市试点政策能够通过提升要素资源禀赋实现区域产业集聚。创新型城市试点政策的实施通过政策的偏向性技术选择模式，能够有效地促进生产性服务业产业集聚，那么，创新型城市试点政策所产生的经济效应究竟如何？政策指引下的技术选择是否实现了对产业集聚的偏向性影响，产生了"重服务，轻制造"的产业集聚导向，且集聚强度如何？同时，创新型城市试点政策能否实现对制造业产业集聚及生产性服务业产业集聚的协同推进？对于上述问题，需要以实证模型分析进行检验。因此，本章将创新型城市试点政策视为一次对城市产业集聚的准自然实验，运用双重差分方法及倾向得分匹配方法，对创新型城市试点政策所产生的产业集聚效应进行估计。

第一节 研究设计与变量选取

衡量创新型城市试点政策的实施对产业集聚与产业结构升级的经济效应是本书的重要组成部分，其基本思想为通过比较样本城市在试点政策实施前后的效应变化判断政策的实际效用。创新型城市试点政策为本章测算政策效应提供了良好的准自然实验样本，但直接将创新型城市试点政策设立前后的城市进行比较并判断差异的方法具有明显的缺陷（刘瑞明和赵仁杰，2015），主要体现在三个方面：一是在创新型城市试点政策实施前后，样本城市之间将会有其他不随时间变化的因素影响城市的产业集聚或产业结构调整，这种未能识别有效对照组的方法将导致异质性偏误，直接影响试点政策效应的测算结果；二是各区域和城市可能受到其他政策的影响，可能使未实施试点政策的城市产业结构发生变化，进而低估或高估创新型城市试点政策的经济效应；三是无法排除各城市样本产业集聚或产业结构调整的发展趋势，是这种方法的根本缺陷。

考虑到以上三类不足可能对实证结果产生的影响，本章采用双重差分法（difference in difference，DID）测度创新型城市试点政策实施的经济效应。双重差分法被学术界广泛关注并应用于其他政策效应评价，并被公认为评估政策影响的一项重要方法（Reeves，2017）。

一、研究样本与模型设定

根据《建设创新型城市工作指引》公布的创新型城市名单，截至2016年底，中国先后确立了61个创新型城市。创新型城市试点政策采取分期批复、逐步实施的建设形式，导致各地在创新型城市试点政策实施上存在时间差异，即试点政策的时间起点不同，因此，双重差分的两期模型并不适用于对创新型城市试点政策的测算，需要考虑城市样本的个体固定效应与时间固定效应。

借鉴贝克（Beck，2010）的做法，结合城市样本数据可得性①，将2008~2013年国家先后设立的59个创新型城市作为研究样本处理组，283个样本城市中非创新型城市作为控制的对照组，将所有样本城市划分为4组子样本。即创新型城市试点政策实施之前的处理组、对照组，创新型城市试点政策实施之后的处理组、对照组。对研究样本的划分，便于后续对创新型城市试点政策效应的识别。

基于上述分析，依据双重差分法应用规则，需要设置城市 du 和

---

① 考虑数据可得性，本章剔除昌吉和石河子两个地级市样本。同时，由于政策实施时间较短，将2018年新增的17个创新型城市视为非创新型城市样本。

时间 dt 两个虚拟变量对 4 组子样本进行区分。本书将是否为创新型城市的虚拟变量记为 du，处理组城市 du = 1，表示该城市为创新型城市；对照组城市 du = 0，表示该城市未被设立为创新型城市。本书将时间虚拟变量记为 dt，dt = 1 表示该城市被设立为创新型城市当年及以后的年份，dt = 0 表示之前的年份。4 组子样本的赋值情况分别为：

创新型城市试点政策前的实验组（dt = 0，du = 1）、创新型城市试点政策后的实验组（dt = 1，du = 1）、创新型城市试点政策前的对照组（dt = 0，du = 0）、创新型城市试点政策后的对照组（dt = 1，du = 0）。创新型城市试点政策虚拟变量与时间虚拟变量的交乘项 du × dt，即 policy$_{it}$ = du × dt，度量了创新型城市试点政策实施效果的双重差分估计量。因此，构建渐进性双重差分模型对政策效应进行测算，相应的模型设定，见式（5 - 1）~式（5 - 3）：

$$man\_agg_{it} = \alpha_0 + \alpha_1 policy_{it} + \alpha_2 control_{it} + \mu_{1,i} + \eta_{1,t} + \varepsilon_{1,it} \quad (5-1)$$

$$ser\_agg_{it} = \beta_0 + \beta_1 policy_{it} + \beta_2 control_{it} + \mu_{2,i} + \eta_{2,t} + \varepsilon_{2,it} \quad (5-2)$$

$$\Delta agg_{it} = \theta_0 + \theta_1 policy_{it} + \theta_2 control_{it} + \mu_{3,i} + \eta_{3,t} + \varepsilon_{3,it} \quad (5-3)$$

被解释变量 Y_{it} = man_agg$_{it}$ 时，表示创新型城市试点政策对制造业产业集聚的影响；Y_{it} = ser_agg$_{it}$ 时，表示创新型城市试点政策对生产性服务业产业集聚的影响；Y_{it} = Δagg_{it} = man_agg$_{it}$ - ser_agg$_{it}$ 时，表示创新型城市试点政策对制造业产业集聚与生产性服务业产业集聚之差，即产业偏向性集聚的影响效应，通过分析结果实现对假设 4 - 1 的验证。关于假设 4 - 2，创新型城市试点政策对产业协同集聚的影响，将在后续分析中予以验证。

policy 表示创新型城市试点政策的虚拟变量，control 表示其他影响产业集聚的控制变量，具体的选择依据将在后续变量选择中说明。$\mu_{1,i}$、$\mu_{2,i}$ 和 $\mu_{3,i}$ 表示城市固定效应，$\eta_{1,t}$、$\eta_{2,t}$ 和 $\eta_{3,t}$ 表示年份固定效应，$\varepsilon_{1,it}$、$\varepsilon_{2,it}$ 和 $\varepsilon_{3,it}$ 表示随机误差项。i 表示城市，t 表示年份。创新型城市试点政策实施（policy）的估计系数是本章关注的核心要素，若上述研究假设成立，则创新型城市试点政策对制造业产业集聚的影响不显著，但显著提高了生产性服务业产业集聚水平，导致整体产业发展从制造业产业集聚向生产性服务业产业集聚倾斜。

二、倾向得分匹配与模型优化

中国不同城市间的发展具有较大异质性，创新型城市试点政策样本选择的非随机性，难以满足双重差分法要求的处理组和对照组的时间效应一致性条件，同时，可能导致估计结果存在选择性偏误，这些在双重差分法应用过程中不可避免的问题成为影响实证结果可信度的主要障碍，因此，需要匹配与实验组城市特征近似的对照组城市来优化政策的评估效果。既有文献针对这种组间的匹配问题提出了相应的实证解决方案，并最终演化为倾向得分匹配法。

倾向得分匹配法（propensity score matching，PSM）用于消除对照样本的选择性偏误，解决不可观测的反事实问题。在其他客观条件相同的情况下，唯一的差异即是否被设立为创新型城市，判断处理组与对照组在产业集聚上的因果关系，进而达到准确测算政策效应的要求。

鉴于双重差分法对实证结果可能产生的统计偏差，为了避免创新型城市试点政策由其他非随机选择因素带来的估计偏误，在政策效应测算基准回归的基础上，进一步采用倾向得分匹配与双重差分法（PSM-DID），寻找与创新型城市类似的城市进行匹配检验，目的在于，从对照组中找出与创新型城市相近的参考样本，消除样本的选择性偏误。由此测算出与创新型城市试点政策更接近的政策效应，对创新型城市试点政策促进产业集聚的结果进行检验，在较大程度上确保实证结果的稳健性。

具体而言，通过 Logit 模型计算每个样本对应的倾向得分，并分别以 man_agg_{it}、ser_agg_{it}、Δagg_{it} 为结果变量，使用基准回归中的所有控制变量作为协变量，运用既有研究中常用的核匹配方法进行匹配，基于匹配后的样本再次运用双重差分法。

在匹配的理论方法上，参考刘晔、张训常和蓝晓燕（2016）的做法，将创新型城市样本（C）与非创新型城市样本（U）进行混合，形成城市样本组（T）。随后，从非创新型城市样本（U）中，匹配出与创新型城市样本各变量条件较为接近的未列为创新型城市的样本城市，消除政策选择性偏误。假定样本城市被选择为创新型城市的概率为：

$$P = Pr(T = C) = \phi(X_{i,t}) \qquad (5-4)$$

在式（5-4）中，$\phi(*)$ 表示正态累积的分布函数，$X_{i,t}$ 表示影响城市创新特征的匹配变量。本章选取的匹配变量，包括经济发展水平、金融发展规模、人力资本、基础设施建设、外商直接投资以及财政收支状况。由此概率计算公式可以计算出样本城市被选择为创新型城市的概率值，并将其与倾向得分匹配一致的城市进行比较，得到一组虚拟的与已有创新型城市特征相类似的控制组样本，避免选择性偏误。

基于倾向得分匹配，可以得到一组新的创新型城市样本与非创新型城市样本，其不同之处在于，非创新型城市样本得到了匹配性筛选，代表匹配成功但并未被设立为创新型城市的城市。因此，本章在后续的稳健性检验中，进一步采取 PSM-DID 方法，以创新型城市试点政策为准自然实验，探索创新型城市试点政策的实施对产业集聚的影响效应。该方法在学术界已得到广泛应用（刘瑞明和赵仁杰，2015；钱雪松、康瑾和唐英伦等，2018；唐为和王媛，2015）。为了进一步运用 PSM-DID 方法进行稳健性检验估计，本章借鉴既有研究对双重差分模型进行调整，在原有模型的基础上得到 PSM-DID 模型：

$$Y_t^{PSM} = \xi_0 + \xi_1 policy_{it} + \sum_{i=1}^{N} \xi_2 control_{it} + \mu_i + \eta_t + \varepsilon_{it} \qquad (5-5)$$

在式（5-5）中，等号左侧为三类产业集聚的测度变量，包括制造业产业集聚区位熵、生产性服务业产业集聚区位熵以及二者差值。等

号右侧的 $policy_{it}$ 为创新型城市试点政策实施的虚拟变量，$control_{it}$ 为一组影响样本城市产业集聚的控制变量，ξ_j 为对应的变量系数，μ_i 为样本城市的固定效应，η_t 为年份固定效应，ε_{it} 为随机误差项。

三、变量测度与数据说明

1. 被解释变量

参考韩峰和李玉双（2019）和杨仁发（2013）的做法，选取制造业产业集聚区位熵、生产性服务业产业集聚区位熵作为被解释变量，衡量制造业产业集聚程度和生产性服务业产业集聚程度。同时，为了测算产业偏向性集聚情况，引入制造业产业集聚与生产性服务业产业集聚之差的区位熵（阎川和雷婕，2019）。

在产业集聚核算上，创新型城市试点政策的重点是对产业人才的吸引与选择，同时，缺乏城市层面制造业产值和生产性服务业产值的数据，故采用制造业、生产性服务业从业人员数来计算产业集聚的区位熵（韩峰和阳立高，2020）。关于生产性服务业的界定，借鉴张虎和韩爱华（2019）的定义，运用交通运输、仓储和邮政业，信息传输、计算机服务和软件业，金融租赁业、商业服务业，科学研究、技术服务和地质勘查业四大行业表示生产性服务业。衡量产业专业化集聚区位熵的计算公式为：

$$agg = (q_{is}/q_s)/(q_i/q) \tag{5-6}$$

在式（5-6）中，i 表示特定的城市，s 表示该城市的产业（制造业或生产性服务业）。q_{is} 表示 i 城市的制造业（生产性服务业）就业人员数，q_s 表示选取的研究样本中所有城市的制造业（生产性服务业）就业人员数，q_i 表示 i 城市的从业人员总数，q 表示选取的研究样本中所有城市的从业人员总数，区位熵的值越大表示产业集聚度越高。

2. 解释变量

核心解释变量为创新型城市试点政策的虚拟变量 policy。根据《建设创新型城市工作指引》等文件，2008～2013年中国陆续设立了61个创新型城市①，因为吉昌、石河子2个城市数据缺失，所以，处理组共包含59个创新型城市，其他224个城市为对照组样本。若某城市在 t 年被批复为创新型城市，则该城市 t 年及之后年份的 policy 取值为1，其他情形均取值为0。

3. 控制变量

借鉴乔彬、张蕊和雷春（2019）、阎川和雷婕（2019）的研究成果，以及本书在理论机制中对产业集聚影响因素的分析，选取6个控制变量：①经济发展水平（pgdp），用人均 GDP 的对数形式表示；②金融发展规模（finance），用存款余额与贷款余额的总和占 GDP 的比重进行测算；③人力资本（human），以每万人大学生数（人）表示；④基础设施建设（infra），用人均道路面积（平方米）表示；⑤外商直接投资（fdi），用外商直接投资占 GDP 的比重表示；⑥环境污染水平（pollution），以工业二氧化硫排放量（吨）取对数进行测算；⑦财政收支状况（fiscal），以财政支出占财政收入的比值进行测算。

根据以上变量的设定，本书选取2004～2018年《中国城市统计年鉴》的数据，以2003～2017年中国283个城市为研究样本，考察创新型城市试点政策的产业集聚效应，将样本区间确定为2003～2017年基于两个原因：一是创新型城市最早确立于2008年，最晚确立于2013年，根据模型设计需要，其前后若干年的数据，足以形成有效的政策参照；二是2003年之前《中国城市统计年鉴》的数据存在较大的统计差异，故选取2004～2018年的数据。对于个别变量数据存在缺失值的情况，参照既有研究统一采用插值法予以补齐（胡兆廉和石大千，2019）。主要变量说明及描述性统计结果，如表5-1所示。

---

① 2018年新增的17个创新型城市，其政策实施时间较短，结合样本数据的时间跨度，将其作为非创新型城市归类。

表 5-1　　　　　　　主要变量说明及描述性统计结果

变量类型	变量符号	变量含义	样本量	均值	标准差	最小值	最大值
被解释变量	man_agg	制造业产业集聚区位熵	4245	2.1023	4.2225	0.0030	64.2246
	ser_agg	生产性服务业产业集聚区位熵	4245	1.9795	4.7689	0.0102	79.2168
	Δagg	集聚区位熵之差	4245	0.1228	3.6795	-64.6397	54.4630
核心解释变量	policy	虚拟变量交乘项	4245	0.1018	0.3024	0.0000	1.0000
控制变量	pgdp	经济发展水平	4245	10.1253	0.8229	7.5454	13.0557
	finance	金融发展规模	4245	2.0918	1.0388	0.4382	12.5101
	human	人力资本	4245	155.3038	215.5023	0.0000	1311.2407
	infra	基础设施建设	4245	3.9875	5.5352	0.0832	73.0424
	fdi	外商直接投资	4245	0.0200	0.0224	0.0000	0.3759
	pollution	环境污染水平	4245	10.4579	1.1347	0.6931	13.4345
	fiscal	财政收支状况	4245	2.6878	1.8203	0.6488	39.0308

资料来源：笔者根据 2004~2018 年《中国城市统计年鉴》的相关数据运用 Stata14.0 软件计算整理而得。

第二节　产业集聚的效应测算

要准确评估创新型城市试点政策的产业集聚效应，必须剔除创新型城市试点政策之外的政策变化、宏观经济环境等因素对产业集聚的影响。因此，在运用渐进双重差分（DID）模型进行政策效应估计之前，需要检验两个问题：一是是否入选创新型城市与城市产业集聚水平没有直接关系，排除创新型城市试点政策与产业集聚之间可能存在的逆向因果关系；二是在试点政策实施之前，实验组和对照组之间具有相同的变动趋势，即满足平行趋势假设，下面，分别对以上两个前提条件进行验证。

一、逆向因果关系排除

在此需要排除的情况是，存在因产业集聚度较高而被选为创新型城市的可能，这将对本书的核心结论产生重要影响。参考沈坤荣和金刚（2018）的研究，本书设定以下模型对二者间可能存在的逆向因果关系进行排除：

$$\text{policy\_year}_i = \alpha_0 + \alpha_1 \text{Yagg}_i + \alpha_2 \text{control}_i + \varepsilon_{1,i} \qquad (5-7)$$

在式（5-7）中，i 表示城市变量，policy_year_i 表示城市 i 成为创新型城市的年份，Yagg_i 表示三类产业集聚变量，α_1 表示产业集聚对创新型城市设定年份的影响程度，$\varepsilon_{1,i}$ 为随机误差项，其他变量的含义与基准模型相同。在此进行逆向因果检验的逻辑是，如果城市产业集聚水平会影响创新型城市建设的批复，则地区产业集聚度对创新型城市试点政策实施年份的估计系数应该显著。policy_year_i 是不随时间变化的变量，因此，上述模型均使用横截面数据进行估计，选取 2003 年、2007 年两年样本进行检验。逆向因果关系排除结果，如表 5-2 所示。

表 5-2　　　　　　　　　　逆向因果关系排除结果

变量	2003 年			2007 年		
	模型 1	模型 2	模型 3	模型 1	模型 2	模型 3
man_agg	-0.0323 (-0.8738)			-0.0103 (-0.3009)		
ser_agg		-0.0202 (-0.6472)			-0.0025 (-0.1257)	
Δagg			-0.0096 (-0.1623)			-0.0018 (-0.0668)
constant	2.0e+03*** (416.7416)	2.0e+03*** (430.2678)	2.0e+03*** (448.1722)	2.0e+03*** (359.4357)	2.0e+03*** (354.1487)	2.0e+03*** (359.0585)
控制变量	是	是	是	是	是	是
N	59	59	59	59	59	59

变量	2003 年			2007 年		
	模型 1	模型 2	模型 3	模型 1	模型 2	模型 3
R^2	0.3106	0.3059	0.3005	0.3284	0.3274	0.3272

注：*** 表示在 1% 的水平上显著，括号内为 t 值。

资料来源：笔者根据 2004～2018 年《中国城市统计年鉴》的相关数据运用 Stata14.0 软件计算整理而得。

由表 5 - 2 的逆向因果分析可以发现，无论是以 2003 年还是以 2007 年的制造业产业集聚区位熵、生产性服务业产业集聚区位熵，以及两种区位熵的差值作为解释变量，所有模型中核心解释变量的估计系数均不显著。逆向因果检验结果表明，产业集聚水平不会对是否入选创新型城市产生影响。分别使用创新型城市试点政策实施前年份的数据作为解释变量进行了回归，结果仍不显著，再次表明创新型城市试点政策设定与城市产业集聚之间不存在逆向因果关系，不会对本书的核心结论产生影响。

二、共同趋势与动态效应

使用双重差分法进行政策效应估计的另一个前提假设是，如果不存在创新型城市试点政策的冲击，处理组与对照组在创新型城市试点政策实施前后，其产业集聚水平不存在系统性差异，或存在系统性差异但保持相同的发展趋势，即处理组样本和对照组样本之间的整体变化趋势应当是一致的，满足两组样本具有平行趋势的假设。如果在创新型城市试点政策实施之前，处理组样本和对照组样本的制造业产业集聚与生产性服务业产业集聚的情况存在系统性差异，则这种差异可能会产生系统性偏误，对估计结果产生影响。因此，为识别二者间是否满足共同趋势假设，借鉴贝克（Beck，2010）的做法，运用跨期动态效应模型对创新型城市试点政策实施产生的产业集聚效应是否满足平行趋势进行检验，以应对创新型城市不同时间起点的问题，基本模型设定如下：

$$man\_agg_{it} = \alpha_0 + \alpha_1 policy_{it}^{-7} + \alpha_2 policy_{it}^{-6} + \cdots + \alpha_{10} policy_{it}^{+3} + \alpha_{11} control_{it}$$

$$+ \mu_{1,i} + \eta_{1,t} + \varepsilon_{1,it} \qquad (5-8)$$

$$ser\_agg_{it} = \beta_0 + \beta_1 policy_{it}^{-7} + \beta_2 policy_{it}^{-6} + \cdots + \beta_{10} policy_{it}^{+3} + \beta_{11} control_{it}$$

$$+ \mu_{2,i} + \eta_{2,t} + \varepsilon_{2,it} \qquad (5-9)$$

$$\Delta agg_{it} = \theta_0 + \theta_1 policy_{it}^{-7} + \theta_2 policy_{it}^{-6} + \cdots + \theta_{10} policy_{it}^{+3} + \theta_{11} control_{it}$$

$$+ \mu_{3,i} + \eta_{3,t} + \varepsilon_{3,it} \qquad (5-10)$$

在式（5-8）、式（5-9）和式（5-10）中，$policy_{it}^{\pm j}$表示一系列虚拟变量，当处理组在成为创新型城市之后第 j 年时，$policy_{it}^{j}$取值为 1，除此之外，均取值为 0（杜勇和邓旭，2020）。特别地，$policy_{it}^{-7}$表示处理组在成为创新型城市之前 7 年及以上，$policy_{it}^{+3}$表示处理组在成为创新型城市之后 3 年及以上，其他变量含义和基准回归模型一致。同时，为了避免多重共线性的影响，将创新型城市试点政策实施之前第 5 年的样本作为参照组，即实证分析中去除了 j = -5 的虚拟变量，共同趋势检验结果，如表 5-3 所示。

由表 5-3 的平行趋势检验可以看出，在创新型城市试点政策实施之前，模型中 $policy_{it}$ 的估计系数绝大多数不显著，说明创新型城市试点政策实施前后处理组和对照组之间产业集聚的变化趋势不存在系统性差异，准自然实验的样本满足平行趋势假设。与此同时，对比创新型城市试点政策实施后的估计系数发现，试点政策的实施对不同产业集聚的动态影响有所差别。

表 5-3　　　　　　　　　共同趋势检验结果

变量	制造业产业集聚	生产性服务业产业集聚	偏向性产业集聚
	模型 1	模型 2	模型 3
$policy_{it}^{-7}$	-0.2841	-0.6687	0.3846
	(-0.6551)	(-1.4560)	(1.0494)
$policy_{it}^{-6}$	-0.1299	-0.6014	0.4715
	(-0.2715)	(-1.1866)	(1.1657)

续表

变量	制造业产业集聚	生产性服务业产业集聚	偏向性产业集聚
	模型1	模型2	模型3
$policy_{it}^{-4}$	−0.2509	−0.4501	0.1992
	(−0.5272)	(−0.8929)	(0.4951)
$policy_{it}^{-3}$	−0.1396	0.6662	−0.8058 **
	(−0.2911)	(1.3115)	(−1.9877)
$policy_{it}^{-2}$	−0.0644	0.5237	−0.5881
	(−0.1349)	(1.0360)	(−1.4577)
$policy_{it}^{-1}$	−0.3603	0.2206	−0.5809
	(−0.7429)	(0.4294)	(−1.4169)
$policy_{it}^{0}$	−0.2369	0.5667	−0.8036 *
	(−0.4869)	(1.0995)	(−1.9537)
$policy_{it}^{+1}$	0.9549 *	1.1696 **	−0.2147
	(1.9585)	(2.2647)	(−0.5209)
$policy_{it}^{+2}$	0.6865	1.7808 ***	−1.0943 ***
	(1.4051)	(3.4411)	(−2.6495)
$policy_{it}^{+3}$	−0.3800	1.4925 ***	−1.8725 ***
	(−0.9534)	(3.5349)	(−5.5570)
constant	15.5629 ***	22.6195 ***	−7.0566 ***
	(5.8131)	(7.9766)	(−3.1181)
控制变量	是	是	是
城市固定效应	是	是	是
年份固定效应	是	是	是
N	4245	4245	4245
R^2	0.0565	0.0658	0.0383

注：*** 、** 、* 分别表示在1%、5%和10%的水平上显著。

资料来源：笔者根据2004～2018年《中国城市统计年鉴》的相关数据运用 Stata 14.0 软件计算整理而得。

具体而言，创新型城市试点政策对制造业集聚的影响在政策实施后第1年显著为正，同时，创新型城市试点政策的实施能够刺激制造业产业集聚区位熵增加0.9549个单位，且在10%的水平上显著，表明试点政策实施在随后 1 年内能够显著刺激制造业产业集聚水平提升。但创新型城市试点政策对制造业产业集聚的刺激作用并不具有持续性，在创新型城市试点政策实施后的第 2~第 3 年，试点政策对制造业产业集聚的促进作用逐渐变得不显著。这表明，创新型城市试点政策对制造业产业集聚的动态影响仅限于试点政策实施后的 1 年，在长期内试点政策实施并未显著提升制造业产业集聚水平。

另外，创新型城市试点政策对生产性服务业产业集聚的正向影响存在持续的动态效应，在试点政策实施后的 1 年内，政策实施能够使得生产性服务业产业集聚水平显著提升 1.1696 个单位，且这种影响具有持续增强的趋势。在随后的第 2~第 3 年，创新型城市试点政策使得生产性服务业产业集聚区位熵分别提升了 1.7808 个单位、1.4925 个单位，且在 1% 的水平上显著，表明创新型城市试点政策对生产性服务业产业集聚水平的影响是持续有效的。

此外，在偏向性产业集聚上，创新型城市试点政策对制造业产业集聚区位熵与生产性服务业产业集聚区位熵之差的影响存在两年的时滞效应，虽然试点政策的实施在当年即对城市产业集聚区位熵之差产生了负向显著的影响，但在政策实施后的第 1 年城市产业集聚区位熵之差的动态影响并不显著，而在试点政策实施后的第 2 年与第 3 年，试点政策对偏向性产业集聚的影响分别为 −1.0943 个单位、−1.8725 个单位，且在 1% 的水平上显著。这表明，创新型城市试点政策对产业偏向性产业集聚的动态效应具有两年的滞后期，同时，在制造业与生产性服务业之间，更倾向于支持生产性服务业的发展。

综合来看，创新型城市试点政策对于城市制造业产业集聚具有短期影响，在长期内试点政策更倾向于推进生产性服务业产业集聚，且产业集聚具有偏向性特征，初步支持了本书的理论推断与研究假设，因而，将在后续的实证分析中进一步验证。

三、全样本回归

在创新型城市试点政策选定的创新型城市样本通过了逆向因果检验

以及共同趋势检验后，表明双重差分法适用于创新型城市试点政策分析，因此，运用双向固定效应模型对创新型城市试点政策的产业集聚效应进行测算。其中，模型1表示不加入任何控制变量的估计结果，模型2表示进一步控制了城市特征变量后的估计结果。产业集聚效应测算结果，如表5-4所示。

由表5-4可以看出，在仅考虑创新型城市试点政策影响的情况下，试点政策分别促进了制造业产业集聚与生产性服务业产业集聚，同时，刺激了产业集聚由制造业向生产性服务业转移，即创新型城市试点政策更偏向于刺激生产性服务业产业集聚。具体来看，在不考虑其他控制变量的影响下，创新型城市试点政策促进制造业产业集聚区位熵提升了0.3835个单位，相当于制造业产业集聚区位熵均值（2.1023）的18.24%。同时，创新型城市试点政策使得生产性服务业产业集聚区位熵提高了1.4553个单位，等于生产性服务业产业集聚区位熵均值（1.9795）的73.52%。这说明，创新型城市试点政策显著提高了产业集聚水平，同时，相对于制造业产业集聚而言，对生产性服务业产业集聚的提升强度更大，在此，初步印证了假设4-1，即产业集聚具有偏向性。

表5-4　　　　　　　　　　　产业集聚效应测算结果

变量	制造业产业集聚		生产性服务业产业集聚		偏向性产业集聚	
	模型1	模型2	模型1	模型2	模型1	模型2
policy	0.3835 **	0.2077	1.4553 ***	1.3299 ***	-1.0718 ***	-1.1222 ***
	(1.9812)	(1.0256)	(7.1061)	(6.1980)	(-6.6486)	(-6.5285)
pgdp		-0.8595 ***		-1.6152 ***		0.7557 ***
		(-3.0556)		(-5.4192)		(3.1649)
finance		-0.2031 *		-0.5042 ***		0.3011 ***
		(-1.8610)		(-4.3605)		(3.2506)
human		0.0010		0.0020 **		-0.0010
		(1.3092)		(2.4038)		(-1.4583)
infra		-0.0057		-0.1004 ***		0.0947 ***
		(-0.2499)		(-4.1495)		(4.8853)

变量	制造业产业集聚		生产性服务业产业集聚		偏向性产业集聚	
	模型 1	模型 2	模型 1	模型 2	模型 1	模型 2
fdi		− 3.2852		3.6021		− 6.8873 ***
		（− 1.1203）		（1.1593）		（− 2.7668）
pollution		− 0.5326 ***		− 0.4786 ***		− 0.0541
		（− 13.6750）		（− 11.5962）		（− 1.6349）
fiscal		− 0.0377		− 0.0345		− 0.0032
		（− 0.8931）		（− 0.7705）		（− 0.0903）
constant	2.0018 ***	15.9459 ***	1.8441 ***	22.6702 ***	0.1577	− 6.7243 ***
	（13.1008）	（5.9598）	（11.4082）	（7.9965）	（1.2392）	（− 2.9607）
城市固定效应	是	是	是	是	是	是
年份固定效应	是	是	是	是	是	是
N	4245	4245	4245	4245	4245	4245
R^2	0.0033	0.0521	0.0156	0.0608	0.0143	0.0258

注：*** 、** 、* 分别表示在1%、5%和10%的水平上显著。

资料来源：笔者根据 2004～2018 年《中国城市统计年鉴》的相关数据运用 Stata14.0 软件计算整理而得。

当进一步控制了城市特征变量后可以发现，模型的拟合效果得到了提升，同时，政策估计系数的符号并未发生改变，但创新型城市试点政策对制造业产业集聚的影响不再显著，表明在综合考虑其他控制变量后，试点政策对制造业产业集聚已没有显著影响。与此同时，创新型城市试点政策对生产性服务业产业集聚的影响仍然显著为正，对偏向性产业集聚的影响仍然显著为负，且均通过了 1% 的显著性水平检验，因而，假设 4 - 1 得到了验证，即，创新型城市试点政策的偏向性技术选择模式，将会使得产业集聚偏向于生产性服务业产业集聚，进而产生"重服务，轻制造"的政策导向。

具体来看，在考虑其他控制变量的情况下，创新型城市试点政策促进生产性服务业产业集聚区位熵提升了 1.3299 个单位，等于生产性服务业产业集聚区位熵均值（1.9795）的67.18%。这说明，创新型城市试点政策显著提高了生产性服务业集聚度。在创新型城市试点政策对偏向性产业集聚的影响上，制造业集聚度与生产性服务业的集聚度之差降低了1.1222个单位，表明试点政策更倾向于支持生产性服务业产业集聚的发展，对偏向性产业集聚的考察佐证了上述推断。

由此可见，创新型城市试点政策的实施能够显著提高生产性服务业集聚度，但对制造业集聚度的影响并不显著。此外，关于偏向性产业集聚的研究表明，创新型城市试点政策的一个经济效应是导致整体产业发展从制造业产业集聚向生产性服务业产业集聚倾斜，即，试点政策的实施具有"重服务、轻制造"的政策导向。从控制变量的估计结果看，除了经济发展水平、金融发展规模以及环境污染水平对制造业产业集聚具有显著负向的影响外，其他控制变量对制造业产业集聚的影响并不显著，表明当前制造业产业集聚主要受到这三类因素的制约，倾向于降低制造业产业集聚水平。其中，经济发展水平对制造业产业集聚的制约作用最强，为0.8595个单位，金融发展规模与环境污染水平对制造业产业集聚的负向影响分别为0.2031个单位与0.5326个单位。

在生产性服务业产业集聚的影响因素上，经济发展水平、金融发展规模、基础设施建设以及环境污染水平对生产性服务业产业集聚产生了显著的负向影响，而人力资本对生产性服务业产业集聚产生了显著的正向影响。具体来看，经济发展水平、金融发展规模、基础设施建设与环境污染水平对生产性服务业产业集聚的影响分别为 -1.6152 个单位、-0.5042 个单位、-0.1004 个单位、-0.4786 个单位，且均在1%的水平上显著。这表明，上述经济因素显著阻碍了当前生产性服务业产业集聚发展，其中，经济发展水平与基础设施建设的阻碍作用更强，因而，在后续的试点政策实施中应重点改善上述因素。

与此同时，城市的人力资本对生产性服务业产业集聚虽然具有显著正向的影响，但刺激作用较小，为0.002个单位，而外商直接投资与财政收支状况对生产性服务业产业集聚的影响均不显著。除此之外，在创新型城市试点政策对产业集聚度之差即偏向性产业集聚的影响上，经济发展水平、金融发展规模、基础设施建设以及外商直接投资对产业集聚度之差的影响分别为 0.7557 个单位、0.3011 个单位、0.0947 个单位、−6.8873 个单位，且在 1% 及以上的水平显著。这表明，当前经济发展水平、金融发展规模与基础设施建设在产业集聚中更倾向于支持制造业产业集聚发展，经济发展水平与金融发展规模的正向刺激作用更强，而外商直接投资则倾向于支持生产性服务业产业集聚，且在控制变量中的作用强度最大。

值得注意的是，外商直接投资对制造业产业集聚与生产性服务业产业集聚单独的影响并不显著，但是，当综合考察其对产业集聚度之差的影响时，却得到了显著支持生产性服务业产业集聚的结果，表明外商直接投资并没有显著促进产业集聚，而是比较来看，更倾向于支持生产性服务业产业集聚水平提升。最后，人力资本与财政收支状况对产业集聚度之差的影响均不显著，表明二者并不倾向于支持某类特定产业集聚水平的提升。

综合来看，当前国内的经济发展水平、金融发展规模以及基础设施建设均阻碍了制造业产业集聚与生产性服务业产业集聚的发展，同时，对生产性服务业产业集聚的抑制作用更强，即偏向性产业集聚为正。人力资本虽然对生产性服务业产业集聚具有正向影响，但作用强度较小，且并不倾向于刺激产业集聚发展。值得关注的是，环境污染水平对制造业产业集聚与生产性服务业产业集聚分别具有显著的负向影响，但当综合考察其对二者集聚度之差的影响时，环境污染水平的作用不再显著，表明当前的环境污染水平均制约了制造业产业集聚水平与生产性服务业产业集聚水平的提升，且对二者的抑制作用并无明显倾向。财政收支状况对制造业产业集聚与生产性服务业产业集聚的影响均不显著，且没有显著的偏向性。

第三节　稳健性检验与内生性分析

上述实证分析结果表明，创新型城市试点政策对城市产业集聚发展具有"重服务，轻制造"的特点，即试点政策对生产性服务业产业集聚的促进作用明显，但对于制造业产业集聚的促进作用并不显著。为了保证基准回归结果稳健性，同时排除估计结果的内生性问题，从四个方面进行稳健性检验：一是基于 PSM-DID 方法的检验；二是安慰剂检验；三是其他稳健性检验；四是运用中华老字号作为创新型城市试点政策实施的工具变量进行内生性分析。

一、倾向得分匹配分析

虽然前述逆向因果检验已经排除了产业集聚较强的城市被选为创新型城市的可能，同时，验证了创新型城市样本与非创新型城市样本之间满足平行趋势的假设，但是仍有文献指出，单纯以双重差分法估计创新型城市试点政策实施的经济效应可能存在欠缺（刘晔、张训常和蓝晓燕，2016）。

为了降低 DID 模型的选择性误差，克服由实验组与对照组政策选择不同导致的系统性差异，本章参考既有研究，运用倾向得分匹配法对创新型城市进行匹配，从控制组中识别出与实验组的创新型城市特征最接近的实验样本，并构造相应的对照组城市样本进行 DID 估计（刘晔、张训常和蓝晓燕，2016）。倾向得分匹配法（PSM）能够克服基准回归对变量关系描述的内生性问题，以及样本选取的非平衡趋势（Grilli，2011），得到更准确的政策效应估计结果。但是，倾向得分匹配法并不能避免因解释变量遗漏偏误导致的内生性问题，而双重差分法能够通过双重差分较好地解决变量遗漏偏误导致的内生性问题，并得出政策处理净效应，因而将二者结合应用。在进行 PSM-DID 分析之前，需要对城市样本进行倾向值得分匹配，若匹配后实验组与对照组不存在显著差异，则可以运用 PSM-DID 进行统计估计。

在匹配操作上，将创新型城市作为虚拟变量对城市特征变量进行 Logit 回归，计算各城市成为创新型城市的概率，得到相应的倾向匹配得分值，最为接近的样本城市即为创新型城市的配对城市，进而降低不同城市的产业结构系统性误差。匹配结果表明，在不同变量作为结果变量时的匹配结果一致，匹配后的样本总量均为 2556 个，其中，处理组样本和对照组样本分别为 2182 个和 374 个。基于匹配后的样本，进一步检验了创新型城市试点政策实施的产业集聚效应，PSM-DID 分析结果，见表 5 - 5。

表 5 - 5   PSM-DID 分析结果

变量	制造业产业集聚	生产性服务业产业集聚	偏向性产业集聚
	模型 1	模型 2	模型 3
policy	0.2866	0.7382 **	- 0.4516 *
	(0.9350)	(2.4527)	(- 1.9550)
constant	23.8982 ***	26.7623 ***	- 2.8640
	(4.5660)	(5.2077)	(- 0.7262)
控制变量	是	是	是
城市固定效应	是	是	是
年份固定效应	是	是	是
N	2556	2556	2556
R^2	0.0664	0.0609	0.0282

注：*** 、** 、* 分别表示在 1%、5% 和 10% 的水平上显著。
资料来源：笔者根据 2004～2018 年《中国城市统计年鉴》的相关数据运用 Stata14.0 软件计算整理而得。

由表 5 - 5 可以看出，运用倾向得分匹配法后的样本估计得到了与基准回归一致的结果，表明创新型城市试点政策对生产性服务业产业集聚区位熵具有显著的正向影响，对制造业产业集聚影响并不显著的基本论断是稳健可信的，即创新型城市试点政策的实施具有"重服务，轻制造"的政策导向。虽然相比于基准回归结果，匹配后样本对生产性服务业产业集聚的核心估计系数由 1.3299 变为 0.7382，对偏向性产业集聚的核心估计系数由 - 1.1222 变为 - 0.4516。这表明，创新型城市试点政策促进生产性服务业产业集聚的强度有所降低，但估计结果仍然与基准回归结果一致，因此，本书的核心结论仍然成立，即创新型城市试点政策的实施能够直接促进生产性服务业产业集聚水平的提升，但对于制造业产业集聚的影响并不显著。

二、安慰剂检验

除了运用倾向得分匹配法消除对创新型城市试点政策实施时间与创新型城市选取的质疑之外，另一个影响估计结果可信性的问题，表现在被解释变量的统计显著性可能是由某些随机因素引起而非创新型城市试点政策的实施结果。因此，本书参考沈坤荣和金刚（2018）的做法，通过随机改变处理组，构造虚拟 DID 样本形成反事实样本组的方法，对创新型城市试点政策进行安慰剂检验，判断创新型城市试点政策的实施对产业集聚的显著影响是否由随机因素引起。

根据创新型城市的分布情况，随机生成新的处理组并重复了 1000 次回归估计，随后，将 1000 次回归的 t 统计量统一起来，绘制成不同被解释变量情形下的核密度图，进而将 1000 次回归中的 t 统计量分布情况和表 5-4 中基准回归的 t 统计量作对比，安慰剂检验结果，如图 5-1 所示。

观察图 5-1 可以发现，对于制造业产业集聚区位熵而言，1000 次回归中大于、小于基准回归中 t 统计量（1.0256）的回归均占较大比例，表明创新型城市试点政策对制造业产业集聚水平的影响并不显著。对于生产性服务业产业集聚区位熵而言，所有回归的 t 统计量均小于基准回归的 t 统计量（6.1980），表明创新型城市试点政策的实施对生产性服务业产业集聚的影响是显著的，并不存在随机因素影响对生产性服务业产业集聚估计结果的显著性。对于产业集聚区位熵之差即偏向性产业集聚而言，仅有极少数回归 t 统计量大于基准回归 t 统计量的绝对值（6.5285）。这表明，本书对于偏向性产业集聚作用效果的估计比较稳健，创新型城市试点政策偏向于支持生产性服务业产业集聚发展。

三、其他稳健性检验

即使对创新型城市试点政策效应的全样本分析是正向显著的，且经

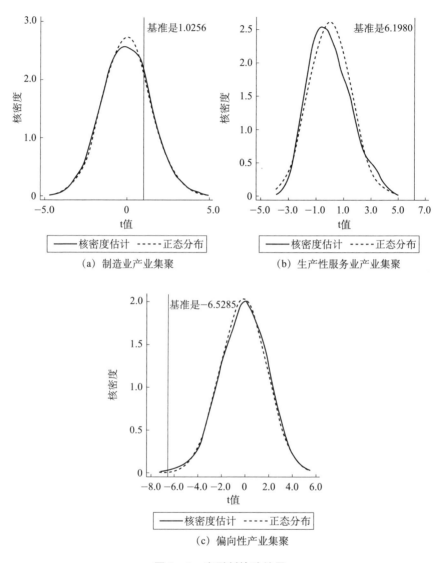

图 5 - 1　安慰剂检验结果

资料来源：笔者基于 2004～2018 年《中国城市统计年鉴》的相关数据运用 Stata14.0 软件计算整理绘制而得。

过倾向得分匹配法与安慰剂检验之后得到了更稳健的结果，并排除了显著性水平的偏误，但仍存在对实证分析的可信性提出挑战的四类质疑：

其一，是否由政策实施的时间巧合导致如上实证结果；其二，是否可能存在一些极端值影响结果；其三，是否同时颁布了其他可能影响整体趋势变化的类似政策影响了产业集聚；其四，是否忽视了同一省（区、市）、同一年份内部不同城市的政策效应差异。因此，为了进一步增强研究结论的可信性，除了上述两类稳健性检验之外，本书继续进行以下四类稳健性检验，以判断创新型城市试点政策对产业集聚影响结果的可信性，其他稳健性检验结果，如表5-6所示。

第一，改变了政策时间窗口。本章的研究样本为2003~2017年中国283个地级市的面板数据，为确保估计结果的稳健性，以创新型城市试点政策实施最早的年份（2008年）和最晚的年份（2013年）为最小窗口，分别以创新型城市试点政策实施最早年份和最晚年份前后各1年、2年、3年、4年的数据进行估计，即分别使用2007~2014年、2006~2015年、2005~2016年和2004~2017年的时间窗口为研究样本进行检验。表5-6的Panel 1中以2007~2014年的样本估计结果为例进行展示，从中可以发现，所有模型中policy的估计系数及显著性和基准回归基本一致，表明本书的核心结论仍然成立。

第二，继续控制了与创新型城市试点政策实施内容相似的其他政策冲击。鉴于中国经济改革过程中，许多政策是并行或交叉进行的，在创新型城市试点政策对产业集聚产生影响的同时，其他相似的创新政策或产业政策也可能对产业集聚产生影响，进而影响估计结果的准确性。因此，本章对其他相似政策进行了分析。为了促进产业链中相关联的企业、研发机构和服务机构在特定区域集聚，科技部于2013年发布了《创新型产业集群试点认定管理办法》，标志着创新型产业集群政策正式施行。此后，科技部于2013年、2014年和2017年分3批对全国61个创新型产业集群进行了批复，创新型产业集群试点政策对产业集聚影响最直接，且与本书研究的创新型城市试点政策是较为类似的政策措施，因此，可能对产业集聚的估计结果产生重要的影响。在基准回归的基础上加入创新型产业集群的政策变量重新进行估计，估计结果，见

表 5-6 的 Panel 2。可见，所有模型 policy 的估计系数和显著性水平与基准回归基本一致，再次支持了本书的核心结论。

表 5-6　　　　　　　　　　其他稳健性检验结果

变量	制造业产业集聚 模型 1	生产性服务业产业 集聚模型 2	偏向性产业集聚 模型 3
Panel 1：改变时间窗口			
policy	0.2073	0.7594 **	-0.5521 ***
	(0.7152)	(2.4449)	(-2.5860)
constant	23.5485 ***	26.4145 ***	-2.8660
	(4.3283)	(4.5309)	(-0.7153)
N	2264	2264	2264
R²	0.0466	0.0352	0.0133
Panel 2：控制相似政策冲击			
policy	0.2483	1.2755 ***	-1.0272 ***
	(1.2162)	(5.8974)	(-5.9395)
constant	16.3133 ***	22.1774 ***	-5.8642 ***
	(6.0745)	(7.7951)	(-2.5776)
N	4245	4245	4245
R²	0.0526	0.0617	0.0303
Panel 3：对所有连续变量进行在 1% 水平上的 Winsorize 处理			
policy	-0.1075	0.5965 ***	-0.5063 ***
	(-0.7116)	(4.4340)	(-5.6986)
constant	16.4118 ***	12.9200 ***	1.5983
	(7.8383)	(6.9301)	(1.2980)
N	4245	4245	4245
R²	0.0783	0.0765	0.0253
Panel 4：控制省份-年份联合固定效应			
policy	-0.0259	0.6774 ***	-0.7034 ***
	(-0.1192)	(3.7850)	(-4.5121)
constant	11.4333 **	-20.8489 ***	32.2822 ***
	(2.3563)	(-5.2271)	(9.2926)
N	4245	4245	4245

变量	制造业产业集聚 模型1	生产性服务业产业 集聚模型2	偏向性产业集聚 模型3
R^2	0.0783	0.0765	0.0253

注：所有模型中均包含了控制变量、城市固定效应和年份固定效应，限于篇幅未列出，备索。 *** 、 ** 分别表示在1%、5%的水平上显著。

资料来源：笔者基于2004～2018年《中国城市统计年鉴》运用 Stata14.0 软件计算整理而得。

第三，进行1%水平的 Winsorize 处理。为了避免可能存在的极端异常值对估计结果产生的影响，进一步对所有连续变量进行1%水平的 Winsorize 处理，估计结果见表5-6的 Panel 3。可以发现，政策核心解释变量估计系数的大小和显著性基准回归一致，仍然支持本书的基本结论。

第四，控制省份-年份联合固定效应。创新型城市试点政策设定了中国的61个城市，为了避免政策在同一省（区、市）、同一年份的实施可能对不同城市产业集聚产生不同的影响，因此，进一步控制省份-年份联合固定效应进行估计，估计结果见表5-6的 Panel 4。研究可以发现，即使控制了省份-年份联合固定效应，本书的核心研究结论仍然成立。

四、工具变量与内生性讨论

在政策效应分析中，可能对实证结果的准确性产生的影响在于，一项有效的政策制度能够产生积极的政策效应进而促进经济发展，但是，政策制度的推进也可能是经济发展的现实结果。虽然前述研究已经排除了创新型城市试点政策与产业集聚之间可能存在的逆向因果关系与平行趋势，同时，验证了估计结果的稳健性，但尚未有针对性地讨论模型构建中的内生性问题。

有研究表明，经济相对发达的地区能够为政策制度向更优方向发展提供良好的政策环境，因而，在估计政策措施对经济发展的作用影响时，应当把政策制度作为一项内生变量进行回归估计，即运用传统的最小二乘估计法计算政策效应的实证结果并不具有一致性（方颖和赵杨，2011）。如果存在一些能够影响创新型城市选择的因素，这些因素又影响城市的产业集聚水平，则会引起核心解释变量 policy 出现内生性问题，导致基准回归结果的偏误，因此，本节进一步通过工具变量估计来确保基准回归结果的稳健性。

历史事实不会对当前的产业集聚产生影响，从历史数据角度寻找工具变量是文献的通常做法。马忠新和陶一桃（2019）研究表明，地区中华老字号企业数量集中体现了企业家精神的历史传承，且这种历史传承会显著提高城市创新能力。因此，可以认为，城市中华老字号企业数量会对是否入选创新型城市产生影响，满足了工具变量相关性的选取条件。

与此同时，中华老字号企业数量是一个固定不变的历史值，不会对城市产业集聚水平产生影响，满足了工具变量外生性的条件。但值得注意的是，中华老字号数量是截面数据，无法进行面板数据回归估计，这为本书进行工具变量分析增添了难度。因此，有文献采用截面数据与时间数据相乘，构造交互项的方式进行工具变量估计（Nunn，2014）。事实上，这种构造工具变量的方式在国内经济学研究中被广泛使用，刘勇政和李岩（2017）以 1990 年城市客运总量与年份哑变量的交互项作为高铁开通的工具变量，分析了高铁开通对中国经济增长的影响。黄群慧、余泳泽和张松林（2019）以 1984 年城市层面人均固定电话数、人均邮局数与上一年全国互联网投资额的交互项作为互联网发展的工具变量，考察了互联网发展对制造业生产率的影响。

综合上述分析，本书借鉴纳恩（Nunn，2014）的处理方式，使用城市中华老字号企业数量（与城市个体相关）和上一年全国研发经费支出（与时间有关）的交互项，作为创新型城市试点政策实施的替代变量进行工具变量分析。在数据来源上，城市中华老字号企业数量来源于商务部网站公布的《中华老字号名录》，具体通过将中华老字号企业的发源地与其所在城市相匹配获得，全国研发经费支出数据来源于《中国统计年鉴》。工具变量估计结果，如表5-7所示。

表5-7　　　　　　　　　　工具变量估计结果

被解释变量	第一阶段	第二阶段		
	模型1	制造业产业集聚 模型2	生产性服务业产业 集聚模型3	偏向性产业集聚 模型4
China_brand	6.26e-06 ***			
	(19.0412)			
policy		1.3827	12.6446 ***	-11.2619 ***
		(0.7734)	(3.0694)	(-4.0271)
constant	-0.6292 **	22.7816 ***	54.6063 ***	-31.8247 ***
	(-2.0213)	(5.4801)	(7.4069)	(-5.0467)
RKF 检验	59.1930			
DWH		3.0996	273.5740	348.4160
		(p=0.0784)	(p=0.0000)	(p=0.0000)
控制变量	是	是	是	是
城市固定效应	是	是	是	是
年份固定效应	是	是	是	是
N	4245	4245	4245	4245
R^2	0.6377	0.6694	0.5079	0.4143

注：***、**分别表示在1%、5%的水平上显著。

资料来源：笔者根据2004~2018年《中国城市统计年鉴》的相关数据运用Stata14.0软件计算整理而得。

由表5-7工具变量估计结果可以看出，第一阶段估计中RKF检验统计量的值为59.1930，远大于16.3800的10%临界值水平，表明不存在弱工具变量问题。与此同时，China_brand的估计系数在1%的水平上显著为正，说明构造的工具变量和创新型城市试点政策之间高度相关，且DWH的测算结果表明，基准模型中可能存在内生性问题，需要进行第二阶段的回归估计。

第二阶段的回归估计结果显示，创新型城市试点政策的实施对制造业产业集聚区位熵的影响为正向不显著，对生产性服务业产业集聚区位熵的影响为正向显著，且前者的估计系数明显小于后者，表明创新型城市试点政策的实施能够显著提高生产性服务业的集聚度，但对制造业产业集聚水平的影响并不明显。对于偏向性产业集聚的估计结果在 1% 的水平上显著为负，表明创新型城市试点政策具有"重服务，轻制造"的政策导向，进一步证实了本书的核心结论。由工具变量的估计可以看出，在考虑了创新型城市试点政策的内生性问题之后，本书的基准回归结果依然稳健。

第四节　产业集聚的协同性与异质性

一、产业协同集聚的验证

前述研究较详细地分析了创新型城市试点政策的产业集聚效应，研究发现，创新型城市试点政策的实施会导致城市产业从制造业产业集聚向生产性服务业产业集聚的偏向性发展，制造业与生产性服务业的发展失衡，不仅会对产业结构产生影响，也会导致制造业发展缺乏内在的核心竞争力（刘纯彬和杨仁发，2013），这将不利于制造业和生产性服务业的协同发展。如果创新型城市在"重服务，轻制造"的政策导向下，实现了城市产业的偏向性集聚，即重点促进了生产性服务业产业集聚，对制造业产业集聚并没有显著影响，那么，创新型城市试点政策是否对城市产业协同集聚具有相应的作用？对产业集聚问题的不断追问，使本章继续验证了制造业产业集聚与生产性服务业产业集聚发展问题。既有研究表明，制造业与生产性服务业具有协同性，其原因在于生产性服务业源自制造业分离出的一部分生产环节，这部分生产环节与企业生产相关度较低，是产业组织外部性的具体表现（刘纯彬和杨仁发，2013）。

借鉴杨仁发（2013）的研究方法，本书使用以下指标衡量产业协同集聚水平：

$$coagg = 1 - |man\_agg - ser\_agg| / (man\_agg + ser\_agg) \quad (5-11)$$

在式（5-11）中，coagg 表示制造业产业集聚与生产性服务业产业集聚协同水平，其大小介于 0 ～ 1 区间，数值越大，表明制造业产业集聚与生产性服务业产业集聚协同水平越高。在产业集聚的模型构建中，将基准回归中的被解释变量替换为 coagg，可以得到如下模型：

$$coagg_{it} = \gamma_0 + \gamma_1 policy_{it} + \gamma_2 control_{it} + \mu_{4,i} + \eta_{4,t} + \varepsilon_{4,it} \quad (5-12)$$

产业协同集聚分析结果，如表 5 - 8 所示。为了保证估计结果的稳健性，除了采用双向固定效应模型估计之外，还采取了和前文一致的 PSM-DID 估计、工具变量估计及多种稳健性检验。

表 5 - 8　　　　　　　　　　　产业协同集聚分析结果

变量	基准回归模型	PSM-DID估计	工具变量估计	对所有连续变量进行1%的Winsorize处理	控制相似政策冲击	控制省份－年份联合固定效应
	模型 1	模型 2	模型 3	模型 4	模型 5	模型 6
policy	-0.0146^{*}	-0.0273^{***}	-0.1052^{***}	-0.0151^{*}	-0.0145^{*}	-0.0199^{**}
	(-1.7212)	(-2.8627)	(-5.4500)	(-1.7528)	(-1.6885)	(-2.0862)
constant	0.8406^{***}	1.4007^{***}	0.5477^{***}	0.6509^{***}	0.8421^{***}	1.9490^{***}
	(7.4842)	(8.5917)	(3.2623)	(5.4671)	(7.4668)	(9.1865)
控制变量	是	是	是	是	是	是
城市固定效应	是	是	是	是	是	是
年份固定效应	是	是	是	是	是	是
N	4245	4245	4245	4245	4245	4245
R^2	0.0484	0.0473	0.7007	0.0493	0.0484	0.1963

注：*** 、** 、* 分别表示在1%、5%和10%的水平上显著。
资料来源：笔者根据2004 ～ 2018 年《中国城市统计年鉴》的相关数据运用 Stata14.0 软件计算整理而得。

由表 5 - 8 可以看出，在产业协同集聚的分析模型中，创新型城市试点政策对产业协同集聚的影响均显著为负，说明试点政策不利于制造业和生产性服务业的协同发展，即假设 4 - 2 得到验证。具体来看，在基准回归中创新型城市试点政策使得产业协同集聚度降低 0.0146，经过倾向得分匹配后的估计结果为 - 0.0273，且在 1% 的水平上显著，同时，其他稳健性检验的结果与本书的核心结论一致，表明创新型城市试点政策的实施具有"重服务，轻制造"的政策导向，不利于产业协同集聚的发展。

本章认为，产生这一政策结果的原因在于，当前中国制造业所占比重较高、集聚规模较大，虽然创新型城市试点政策能够促进生产性服务业产业集聚，但"重服务，轻制造"的偏向性政策导向，在短期内并不能扭转制造业产业集聚的现状，因而，整体表现为不利于产业协同集聚的发展。那么，未来需要根据城市产业集聚的具体特征，结合制造业与生产性服务业所占比重，制定符合城市产业特征的指标体系，进一步优化创新型城市试点政策，以期促进城市产业集聚协同发展。

除此之外，城市差异是影响城市创新与产业发展的重要因素，尤其对于中国城市特征多样化的现实来说，各城市间发展的不平衡与差异性问题尤为突出。城市区位差异、城市规模差异、城市等级差异是影响城市创新差异的重要因素，具备优势区位条件、较大的城市市场规模以及较高的城市等级，往往能以更低的交易成本获得更优质的创新资源要素，更有效地促进城市产业集聚发展。

上述研究中关于模型适用性检验、基准回归分析、稳健性检验和工具变量估计等的研究结果，已经证实了本书的研究假设。创新型城市试点政策的实施显著促进了城市生产性服务业产业集聚水平的提升，但是，对制造业产业集聚的影响并不显著，导致了城市整体产业发展向生产性服务业产业集聚的倾斜。那么，这一政策实施结果对不同类型城市的影响是否具有异质性？为了从不同城市特征发掘创新型城市试点政策对产业集聚的影响，本节分别从城市区位差异、城市规模差异、城市等级差异以及城市产业集聚度差异四个视角，分析创新型城市试点政策对城市产业结构升级的异质性影响。

二、城市区位的异质性

中国的东部地区与中西部地区在产业发展、技术创新水平等方面存在较大差异，采用学术界较常用的对东部地区、中西部地区的划分①。城市区位差异是指，因城市处于东部地区或中西部地区，使城市在经济社会文化等方面表现出的差异性。城市区位差异是创新型城市试点政策对产业集聚异质性影响的重要方面。不同地区创新型城市试点政策的实施对产业集聚产生异质性影响。城市区位的异质性分析结果，见表5－9。

表5－9　　　　　　　　城市区位的异质性分析结果

变量	制造业产业集聚		生产性服务业产业集聚		偏向性产业集聚	
	东部地区模型1	中西部地区模型2	东部地区模型3	中西部地区模型4	东部地区模型5	中西部地区模型6
policy	0.2413	0.3568**	1.8945***	0.6534***	－1.6532***	－0.2966***
	(0.5710)	(2.1774)	(4.4787)	(3.1564)	(－4.4374)	(－2.6073)
constant	33.3511***	2.4800	43.5800***	4.7956*	－10.2289*	－2.3156*
	(4.8112)	(1.2750)	(6.2815)	(1.9519)	(－1.6740)	(－1.7152)
控制变量	是	是	是	是	是	是
城市固定效应	是	是	是	是	是	是
年份固定效应	是	是	是	是	是	是
N	1515	2730	1515	2730	1515	2730
R^2	0.0775	0.0582	0.1029	0.0472	0.0519	0.0226

注：***、**、*分别表示在1%、5%和10%的水平上显著。
资料来源：笔者根据2004～2018年《中国城市统计年鉴》的相关数据运用Stata14.0软件计算整理而得。

可以发现，在东部地区创新型城市试点政策的实施对制造业产业集聚区位熵的影响并不显著，但在中西部地区显著为正（0.3568），说明创新型城市试点政策显著促进了中西部地区制造业产业集聚水平的提升，但并未推动东部地区制造业产业集聚水平的提升。同时，创新型城市试点政策的实施，对生产性服务业产业集聚的影响在东部地区

———————————

①　东部地区包括，北京、天津、河北、辽宁、上海、江苏、浙江、福建、山东、广东、海南11个省（区、市）；中西部地区包括山西、吉林、黑龙江、安徽、江西、河南、湖北、湖南、内蒙古、广西、重庆、四川、贵州、云南、陕西、甘肃、青海、宁夏、新疆、西藏20个省（区、市）。本节中各省（区、市）的创新型城市研究样本的获批时间截至2016年，西藏自治区的创新型城市获批时间为2018年。因此，中西部地区的创新型城市研究样本未包括西藏自治区的创新型城市。

（1.8945）和中西部地区（0.6534）均显著为正，且东部地区创新型城市试点政策实施的影响更大。这表明，创新型城市试点政策的实施，能够显著促进东部地区、中西部地区城市生产性服务业产业集聚，同时，对东部地区的促进作用更强。

创新型城市试点政策对产业集聚区位熵之差，即偏向性产业集聚的影响在东部地区和中西部地区分别为 -1.6532 个单位和 -0.2966 个单位，且均通过了 1% 的显著性水平检验。说明创新型城市试点政策能够显著促进东部地区和中西部地区的产业向生产性服务业产业集聚发展，且对东部地区的政策影响更强。

本书认为，对于上述区域异质性分析结果，创新型城市试点政策对中西部地区制造业产业集聚具有正向显著影响的原因在于，中西部地区制造业所占比重相对于东部地区较低且产业规模较小，因而，在试点政策显著促进东部地区、中西部地区生产性服务业产业集聚的条件下，中西部地区的制造业能够较快地实现产业集聚发展，表明创新型城市试点政策与制造业产业集聚的关联性较强。东部地区制造业所占比重较高且产业规模较大，因而，在创新型城市试点政策的作用下表现为更强的偏向性生产性服务业产业集聚的特征，相应的制造业产业集聚并不显著。

三、城市规模的异质性

城市规模作为突显城市异质性特征的重要方面，在创新型城市试点政策的作用下，对城市产业集聚产生不同的影响。城市规模划分以2014 年国务院公布的《关于调整城市规模划分标准的通知》为基准，同时，兼顾不同组别之间样本数量的均衡性，以 300 万人口为界限，将研究样本划分成大城市（300 万人口及以上）和中小城市（300 万人口以下）两组，[①] 城市规模的异质性分析结果，如表 5 - 10 所示。

---

① 最新标准划定：城区常住人口 50 万以下的城市为小城市；城区常住人口 50 万以上100 万以下的城市为中等城市；城区常住人口 100 万以上 500 万以下的城市为大城市，其中，城区常住人口 300 万以上 500 万以下的城市为 Ⅰ 型大城市，100 万以上 300 万以下的城市为 Ⅱ型大城市，500 万以上 1000 万以下的城市为特大城市。

表 5 - 10　　　　　　　　城市规模的异质性分析结果

变量	制造业产业集聚		生产性服务业产业集聚		偏向性产业集聚	
	大城市 模型 1	中小城市 模型 2	大城市 模型 3	中小城市 模型 4	大城市 模型 5	中小城市 模型 6
policy	0.4204 （1.4444）	- 0.4337 ** （- 1.9790）	1.8237 *** （5.6251）	0.1224 （0.9788）	- 1.4032 *** （- 5.5992）	- 0.5562 *** （- 3.0663）
constant	18.9967 *** （4.5101）	10.3409 *** （4.4234）	31.4977 *** （6.7141）	5.1006 *** （3.8223）	- 12.5010 *** （- 3.4472）	5.2404 *** （2.7086）
控制变量	是	是	是	是	是	是
城市固定效应	是	是	是	是	是	是
年份固定效应	是	是	是	是	是	是
N	2650	1595	2650	1595	2650	1595
R^2	0.0688	0.0810	0.0829	0.0788	0.0394	0.0572

注：*** 、** 分别表示在 1% 、5% 的水平上显著。

资料来源：笔者根据 2004 ~ 2018 年《中国城市统计年鉴》的相关数据运用 Stata14.0 软件计算整理而得。

由表 5 - 10 可以看出，创新型城市试点政策的实施对制造业产业聚集区位熵的影响在大城市为正向不显著（0.4204），在中小城市为负向显著（- 0.4337），表明创新型城市试点政策的实施并未显著影响大城市的制造业产业集聚水平，但却抑制了中小城市的制造业产业集聚水平。这一结果虽然在意料之外，却又在情理之中。这表明，创新型城市的发展是在抑制中小城市制造业集聚的基础上实现的，这却并未换来大城市制造业产业集聚的发展。

另外，创新型城市试点政策对生产性服务业产业集聚的影响，在大城市显著为正，在中小城市为正向不显著。这表明，创新型城市试点政策的实施对生产性服务业产业集聚的政策效应主要作用于大城市，同时，对中小城市生产性服务业产业集聚却未产生积极的促进作用。此外，创新型城市试点政策对产业集聚区位熵之差的影响在大城市和小城市均显著为负，表明创新型城市试点政策的实施能够使得大城市的产业发展和中小城市的产业发展从制造业产业集聚向生产性服务业产业集聚倾斜，同时，对大城市的促进作用更明显。

值得关注的是，导致大城市、中小城市产业偏向性集聚的原因是不同的，在大城市中，创新型城市试点政策通过促进生产性服务业产业集聚，导致产业发展由制造业产业集聚向生产性服务业产业集聚倾斜；但在中小城市中，创新型城市试点政策的实施主要是通过抑制制造业产业集聚的方式，使得产业发展向生产性服务业产业集聚倾斜。究其原因，本书认为，大城市出现的"重服务、轻制造"的产业集聚特征及其原因与本书的基准回归结果一致，是制造业所占比重较高且产业规模较大，导致试点政策对制造业产业集聚效应并不明显。同时，创新型城市试点政策实施的初始阶段尚未构建好制造业与生产性服务业之间的产业关联，导致生产性服务业的发展具有一定盲目性。有关中小城市的实证分析表明，创新型城市试点政策的实施并没有显著促进生产性服务业产业集聚，而是通过抑制制造业产业集聚实现整体产业的偏向性集聚，表现为"失服务，抑制造"的产业集聚特征。

四、城市等级的异质性

不同的城市等级代表了城市在要素资源获取，以及其他政策福利上的优先性，因而，即使同为创新型城市试点政策指定的创新型城市，不同城市等级势必具有不同的产业集聚特征。在最新发布的《2019 中国城市商业魅力排行榜》中，将中国城市划分为一线城市、新一线城市、二线城市、三线城市、四线城市和五线城市六类。依据上述划分，同时考虑到不同组别之间样本数量的均衡性，本书将一线城市、新一线城市、二线城市和三线城市四类城市划定为高等级城市，共包含 118 个城市；将四线城市和五线城市两类城市划定为低等级城市，共包含 165 个城市，因此，对政策实施的城市等级异质性进行分析。城市等级的异质性分析结果，如表 5 - 11 所示。

表 5 – 11 城市等级的异质性分析结果

变量	制造业产业集聚		生产性服务业产业集聚		偏向性产业集聚	
	高等级城市	低等级城市	高等级城市	低等级城市	高等级城市	低等级城市
	模型 1	模型 2	模型 3	模型 4	模型 5	模型 6
policy	0.1638	− 0.0061	1.4123 ***	− 0.1529	− 1.2484 ***	0.1468
	(0.4605)	(− 0.0345)	(3.7353)	(− 0.9625)	(− 4.0795)	(1.1795)
constant	31.4053 ***	0.6401	45.3633 ***	1.0176	− 13.9580 ***	− 0.3775
	(5.0162)	(0.6049)	(6.8181)	(1.0685)	(− 2.5918)	(− 0.5059)
控制变量	是	是	是	是	是	是
城市固定效应	是	是	是	是	是	是
年份固定效应	是	是	是	是	是	是
N	1770	2475	1770	2475	1770	2475
R^2	0.0738	0.1039	0.0912	0.0991	0.0409	0.0205

注：*** 表示在 1% 的水平上显著。

资料来源：笔者根据 2004～2018 年《中国城市统计年鉴》的相关数据运用 Stata14.0 软件计算整理而得。

可以发现，创新型城市试点政策的实施对制造业产业集聚区位熵的影响在高等级城市和低等级城市中均不显著，说明创新型城市试点政策的实施并未显著促进高等级城市（0.1638）的制造业产业集聚或抑制低等级城市（−0.0061）的制造业产业集聚。同时，创新型城市试点政策的实施对生产性服务业产业集聚区位熵的影响在高等级城市上显著为正（1.4123），在低等级城市上显著为负（−0.1529），表明创新型城市试点政策对生产性服务业产业集聚的影响主要在高等级城市中，对低等级城市并未产生显著影响。此外，创新型城市试点政策的实施，对产业集聚区位熵之差的影响在高等级城市显著为负（−1.2484），在低等级城市不显著（0.1468），表明创新型城市试点政策的偏向性产业集聚特征主要体现在高等级城市中。

由此可见，目前，创新型城市试点政策的产业集聚效应及其偏向性特征主要存在于高等级城市中，对低等级城市的制造业产业聚集与生产性服务业产业集聚并不存在显著影响。究其原因，本书认为，创新型城市试点政策主要在高等级城市中实施，根据本书的数据来看，高等级城市中创新型城市所占比例为45.76%，而这一比例在低等级城市中仅为3.03%。因此，在进一步深入推进创新型城市试点政策时，可以结合城市等级特征与城市创新属性，适当提高低等级城市入选创新型城市的比重，尽快发挥创新型城市试点政策在低等级城市中的产业集聚效应。

五、产业集聚度的异质性

上述研究探讨的城市异质性样本尚未涉及城市产业异质性特征，根据本书的理论分析可以看出，不同城市的产业集聚差异势必对创新型城市试点政策产生不同的影响。因而，根据不同样本中制造业集聚度和生产性服务业产业集聚度的相对大小，将研究样本划分为高制造业产业集聚度（$\Delta agg > 0$）城市和高生产性服务业集聚度（$\Delta agg < 0$）城市两组。产业集聚度的异质性分析结果，见表5-12。

表5-12　　　　　　　产业集聚度的异质性分析结果

变量	制造业产业集聚		生产性服务业产业集聚		偏向性产业集聚	
	高制造业产业集聚度	高生产性服务业集聚度	高制造业产业集聚度	高生产性服务业集聚度	高制造业产业集聚度	高生产性服务业集聚度
	模型1	模型2	模型3	模型4	模型5	模型6
policy	0.2543	0.7471***	0.2076	2.9031***	0.0468	-2.1560***
	(0.7470)	(2.9063)	(1.3036)	(6.6420)	(0.2009)	(-8.2690)
constant	11.2030**	6.7662**	4.1805*	19.9636***	7.0225**	-13.1974***
	(2.1520)	(2.5587)	(1.7173)	(4.4399)	(1.9722)	(-4.9202)
控制变量	是	是	是	是	是	是
城市固定效应	是	是	是	是	是	是
年份固定效应	是	是	是	是	是	是
N	2038	2207	2038	2207	2038	2207
R²	0.0275	0.0199	0.0240	0.0636	0.0255	0.0951

注：***、**、*分别表示在1%、5%和10%的水平上显著。

资料来源：笔者根据2004~2018年《中国城市统计年鉴》的相关数据运用Stata14.0软件计算整理而得。

由表5-12可以发现，在高制造业集聚度城市样本中，创新型城市试点政策的实施对制造业产业集聚区位熵、生产性服务业产业集聚区位熵，以及产业集聚区位熵之差的影响均不显著；而在高生产性服务业集聚度城市样本中，试点政策对产业集聚的作用效果均显著为正，且估计系数的符号与基准回归一致，表明创新型城市试点政策的产业集聚效应主要存在于高生产性服务业集聚度城市样本中，对于制造业集聚度较高的城市，试点政策的作用效果并不显著，本书认为，这进一步印证了产业集聚理论。

具体来讲，虽然前述研究表明创新型城市试点政策的实施具有"重服务，轻制造"的政策导向，但对高生产性服务业集聚度城市样本的研究发现，当生产性服务业集聚度大于制造业集聚度时，创新型城市试点政策能够显著地促进制造业产业与生产性服务业产业的集聚发展，同时，对生产性服务业产业集聚的促进作用更强，"重服务，轻制造"的核心结论并未改变，需要补充的是，试点政策同样能够促进这类城市制造业产业集聚水平提升。

根据本书的理论基础，生产性服务业产业集聚能够为制造业的进一步发展提供产业支撑，当生产性服务业产业集聚水平较高时，创新型城市试点政策引致的创新要素投入增加将进一步向制造业领域溢出，从而形成对制造业产业集聚的刺激。结合创新型城市试点政策的实施阶段来看，在试点政策实施的初始阶段，创新要素投入增加将重点推进生产性服务业产业集聚发展；在生产性服务业产业集聚达到较高水平，能够促进制造业产业发展的情况下，试点政策的经济效应将同时促进制造业产业集聚发展与生产性服务业产业集聚发展。实证结果表现为，在生产性服务业产业集聚度较高的城市，创新型城市试点政策能够实现对产业集聚的正向刺激，但在制造业产业集聚度较高的城市，试点政策对产业集聚的影响并不显著。

需要说明的是，有关城市产业集聚度的异质性检验为深度分析创新型城市试点政策对产业集聚的作用条件，理解中国当前的产业集聚特征提供了依据。在制造业产业集聚度较高的城市，创新型城市试点政策对制造业产业集聚与生产性服务业产业集聚均无显著影响，结合生产性服务业产业集聚度较高的城市特征可以断定，创新型城市试点政策虽然具有促进产业集聚的政策效应，但当前中国城市产业集聚的事实是，仍然存在较多的制造业产业集聚过度的城市阻碍了生产性服务业产业集聚以及制造业产业集聚的发展，这是未来在推进创新型城市试点政策实施过程中需要重点考虑的情况。值得庆幸的是，创新型城市试点政策能够在生产性服务业集聚度较高的城市促进制造业产业集聚、生产性服务业产业集聚发展。

第五节　本章小结

创新要素投入增加提升了要素资源禀赋，通过强化产业之间的关联性，对城市产业集聚产生了重要影响。作为创新型城市试点政策实施过程中的重要环节，产业集聚符合空间经济学理论以及产业集聚与扩散理论中产业发展的客观规律，为本章的实证分析提供了坚实的理论基础。对于创新型城市试点政策促进城市制造业产业集聚与生产性服务业产业集聚的验证，是进一步研究试点政策对城市全要素生产率提升与产业结构升级的必要条件。在政策指引下的创新要素投入增加提升了要素资源禀赋的基础上，本章通过构建双重差分模型，进一步研究创新型城市试点政策的技术选择体系对生产性服务业产业集聚、制造业产业集聚与产业协同性集聚的影响，能够为全面认识创新型城市试点政策，并为后续进一步优化创新型城市建设提供宝贵经验。本章的研究结果表明，创新型城市试点政策的实施与城市产业集聚之间并不存在逆向因果关系。无论是制造业产业集聚区位熵还是生产性服务业产业集聚区位熵，均支持上述结论。

随后，本章运用跨期动态效应模型对创新型城市试点政策所产生的产业集聚效应进行了平行趋势检验，并发现，试点政策实施对制造业产业集聚具有 1 年动态效应，但在之后的时间内并不显著。与之相对的是，创新型城市试点政策对生产性服务业产业集聚区位熵的动态效应影响具有显著的持续性，同时，对偏向性产业集聚区位熵的动态影响在实施后第 2～第 3 年很显著。这初步支持了本书的研究假设，因而，本章随后对创新型城市试点政策的产业集聚效应进行了全样本回归测算。

在全样本分析中不考虑控制变量的影响下，创新型城市试点政策的实施能够显著促进制造业产业集聚区位熵水平、生产性服务业产业集聚区位熵水平的提升，同时，对产业集聚的影响呈现偏向于生产性服务业产业集聚的趋势，即试点政策对生产性服务业产业集聚的提升作用更大。在同时考虑其他控制变量的情况下，创新型城市试点政策对制造业产业集聚的促进作用并不显著，而对生产性服务业集聚区位熵与偏向性产业集聚区位熵呈显著影响，验证了假设 4-1。创新型城市试点政策的偏向性技术选择模式，将会使得产业集聚偏向于生产性服务业产业集聚，产生"重服务，轻制造"的产业集聚倾向。

通过稳健性检验与内生性分析可以发现，即使本书使用倾向得分匹配后的样本对创新型城市试点政策刺激产业集聚的政策效应进行测算，仍然可以得到稳健的实证结果。另外，通过安慰剂检验、改变政策时间窗口、控制相似政策冲击、对所有连续变量进行 1% 水平的 Winsorize 处理与控制省份-年份联合固定效应等稳健性分析，本书的核心结论并未改变，即创新型城市试点政策具有"重服务，轻制造"的政策导向。最后，在内生性分析中，本章选取了中华老字号作为创新型城市试点政策的工具变量，对产业集聚的影响进行稳健性分析，并发现本书的核心结论仍然成立。

在产业集聚的协同性分析与异质性分析中，创新型城市试点政策的偏向性产业集聚倾向，导致了试点政策对产业协同性集聚的影响表现为负向的抑制作用。另外，在异质性分析上，除了对所有城市的生产性服务业表现为显著的正向促进作用外，创新型城市试点政策还能够促进我国中西部城市制造业产业集聚发展。本章认为，这主要由我国东部地区和中西部地区制造业所占的比重及产业规模决定。在创新型城市试点政策对不同规模城市的影响上，大城市表现为与全样本回归一致的"重服务，轻制造"的产业集聚倾向，而中小城市虽然也表现为偏向性产业集聚的倾向，但却是通过"失服务，抑制造"实现的。这将对城市产业的进一步发展产生不利影响。

在城市等级的异质性影响上，创新型城市试点政策仅对高等级城市产业集聚具有显著影响，对低等级城市产业集聚的影响均不显著，在一定程度上表明试点政策实施与城市等级存在较强的关系。在对不同产业集聚度的城市样本分析中，发现创新型城市试点政策对于高制造业集聚度的城市样本并没有显著的政策效应，而在高制造业集聚度的样本中，创新型城市试点政策则表现为对于制造业产业集聚与生产性服务业产业集聚的显著促进作用，表明试点政策的实施只对生产性服务业集聚度较高的城市具有显著影响，对于制造业集聚度较高的城市并无显著的政策效应。

上述研究结论对于强化创新型城市产业集聚发展、合理利用城市异质性特征与产业集聚特色，进一步推进创新型城市试点政策的实施具有重要的政策意义，主要包括以下三个方面。

第一，虽然创新型城市试点政策具有"重服务，轻制造"的偏向性产业集聚导向，但是，根据城市产业集聚度异质性的分析结果来看，试点政策在高生产性服务业产业集聚的城市中，对于制造业产业集聚与生产性服务业产业集聚均具有显著的政策效应，因而，试点政策实施的基础在于调整城市产业集聚的比重，只有将生产性服务业产业集聚水平提升到制造业产业集聚水平之上，试点政策才能够对两类产业集聚均表现出积极的促进作用。

第二，创新型城市试点政策"重服务，轻制造"的产业集聚倾向，对于产业协同集聚的影响表现为负向抑制作用。如果在城市产业发展过程中需要重视产业集聚的协同性问题，那么，需要在具体的政策实践与创新型城市推进中优化相应的政策内容，将产业协同性指标纳入创新型城市试点政策考核体系中，使得创新型城市在促进生产性服务业产业集聚的同时兼顾制造业产业集聚的情况，实现城市产业集聚协同发展。

第三，对于产业集聚的城市区域异质性特征，应当继续推进创新型城市试点政策对于中国中西部地区制造业产业集聚的促进作用，实现中西部地区生产性服务业与制造业的协同发展以及区域产业结构升级。考虑到城市规模的异质性特征，应当重视中小城市在落实创新型城市试点政策过程中"失服务，抑制造"的产业集聚倾向，深化试点政策对城市生产性服务业产业集聚的促进作用，避免抑制制造业产业集聚发展，重点考核中小城市试点政策的具体落实情况。在城市等级的异质性特征上，应当重点强化创新型城市试点政策在低等级城市的政策效应，率先实现试点政策对生产性服务业产业集聚的促进作用，同时，适当提高低等级城市入选创新型城市的比重，从而可以尽快发挥创新型城市试点政策在低等级城市中的产业集聚效应。

第六章 创新型城市试点政策对创新型城市知识溢出的影响

前述理论分析表明，创新型城市试点政策能够通过引致创新要素投入增加，对创新型城市产生积极的产业集聚效应，进而实现对非创新型城市或周边城市的知识溢出效应。但既有研究侧重于地理邻近与空间距离关系下创新要素投入的空间溢出效应研究，而在地理邻近与政策支持双重效应同时作用的情况下，究竟是哪种力量发挥了更重要的空间溢出效应尚无法判断。同时，创新型城市试点政策自 2008 年实施十余年来，其以城市创新推动经济发展的政策效应如何？究竟是地理上的邻近还是创新型城市试点政策的实施，推进了城市区域经济发展？

第一节 研究设计与模型构建

一、研究样本与变量选取

基于前述对创新型城市试点政策特征事实的识别，以及本书对技术创新要素投入增加引致空间知识溢出效应的理论分析可以看出，长三角城市群、京津冀城市群、珠三角城市群与长江中游城市群所含城市符合本书对研究问题的基本设定，满足研究设计的需要，能够作为研究样本。根据前述理论分析及本书的研究设计，对 4 个样本城市群的 76 个城市 2003 ~ 2017 年的城市面板数据进行分析。面板数据的分析结果可以有效地控制样本不可观测效应，同时，在一定程度上扩大样本容量，增加研究样本自由度，有助于解决实证分析中的共线性问题，使回归结果更加准确（于春晖、郑若谷和余典范，2011）。结合第三章试点政策的实施阶段与创新型城市特征事实及第四章试点政策经济效应的理论机制分析，相应的变量选取及内涵阐释如下。

1. 被解释变量

人均地区生产总值作为衡量地区经济发展的重要指标，被学者们广泛接受并作为描述城市经济增长的重要指标。经济的高质量发展与人民生活水平的稳步提升是政府制定政策的基本出发点，也是创新要素投入的根本落脚点。在测算创新要素投入的空间溢出效应时，本章选取了人均地区生产总值作为被解释变量。

2. 解释变量

（1）综合研发（R&D）人员：研发人员作为技术创新人才与知识创新的载体，是社会经济发展的重要人力资本，研发人员通过自身知识储备，在整合其他创新资源的基础上实现城市创新产出增加。作为知识生产函数的重要变量，研发人员在《建设创新型城市工作指引》中同样有所体现，参考陈诗一和陈登科（2018）的处理方法，① 对各城市综合研发人员指标进行核算，并作为创新人力资本指标之一。

（2）高技术产业研发（R&D）人员：高技术产业研发人员作为创新型城市强化科技引领、攻克高技术领域难题的排头兵，一直是各省（区市）重点引进的稀缺资源（张永旺和宋林，2019）。若综合研发人员代表了人力资本的"量"，那么，高技术产业研发人员则突显了人力资本的"质"，因而，本章参考陈诗一和陈登科（2018）的核算方法进行测算，并作为另一个创新人力资本指标。

（3）综合研发（R&D）经费内部支出：政府的研发经费支出能够

---

① 具体核算方法为：选取各城市科研技术服务人员、信息传输与计算机软件人员、教育从业人员数进行加总，并形成研发人员比，以此与各省（区、市）研发人员数相乘，得到各省（区、市）综合研发人员数；各城市高技术产业研发人员数，以所求的研发人员比与各省（区、市）高技术产业研发人员数相乘可得。同样，以各城市财政科学支出求得研发支出比，并分别与各省（区、市）综合研发经费内部支出及高技术产业研发支出相乘得到。

营造有益于技术创新的外部环境，弥补技术市场对研发投入的不足，进而刺激企业研发活力，参与技术创新活动（李瑞茜和白俊红，2013）。作为驱动经济发展的要素之一，研发经费投入不仅能直接增加社会生产的物质资本，也能带动其他创新要素集聚，因此，选取综合研发经费内部支出作为创新要素资本投入指标之一。

（4）高技术产业研发（R&D）经费内部支出：高技术产业研发经费内部支出代表了城市为营造高精尖的技术创新环境，在高技术产业领域投入的支持特定产业发展的研究经费，相比于研发经费的创新环境营造，高技术产业研发经费内部支出更强调对重点产业领域的突破（杨青峰，2013），以此作为创新型城市试点政策中创新要素资本投入的另一个指标。

3. 控制变量

（1）城镇化水平：城市是要素投入的空间载体，城镇化水平反映了城市对创新要素整合与集聚的能力（王小鲁，2010）。本章选取城镇人口与总人口比值，反映样本城市群内部各城市的城镇化水平。

（2）外商直接投资：外商直接投资承载了国际先进技术的经验，能够引领社会前沿技术创新的方向，成为刺激城市创新的重要渠道。投资作为经济发展的重要因素将会对经济增长产生影响，借鉴吴海涛和冉启英（2019）的做法，选取实际使用外资金额与 GDP 之比作为外商直接投资强度指标。

（3）社会投资：经济高质量发展的核心，即以固定资产投资为基础的要素投入产出活动，社会投资表示基础设施的建设情况，体现了市场经济活力，技术创新与社会经济活力具有一致性，同时，社会投资作为经济增长的重要因素反映了社会资本的使用效率。参考刘贯春、段玉柱和刘媛媛（2019）的处理方法，选取固定资产投资与 GDP 的比重，作为社会投资强度的指标。

（4）财政收支：财政支出作为政府满足社会公共需求，提供公共服务与公共产品的重要渠道，反映了政府的政策选择与经济发展方向。财政收支效率代表了政府合理配置社会资源，塑造有利于市场经济运行环境的政策手段，借鉴杨海生、才国伟和李泽槟（2015）的测算方法，以财政支出除以财政收入进行测算。

（5）产业结构升级：创新要素投入增加势必引起产业结构变化以及产业人口转移，产业结构对城市经济发展也具有重要影响。因此，借鉴干春晖、郑若谷和余典范（2011）的测度方法，选取第三产业与第二产业比值，作为产业结构的衡量指标。变量描述性统计结果，见表6-1。

表6-1　　　　　　　　　变量描述性统计结果

变量名称及变量类型		均值	方差	最小值	最大值
人均GDP（元）	初始值	43496	35641	4048	467749
	对数值	10.382	0.800	8.306	13.056
综合研发人员（人）	初始值	23584	43895	485	373406
	对数值	9.300	1.151	6.184	12.830
高技术产业研发人员（人）	初始值	3963	7483	20	66266
	对数值	7.222	1.487	2.996	11.101
综合研发经费内部支出（万元）	初始值	588057	1444575	2240	14845762
	对数值	11.998	1.535	7.714	16.513
高技术产业研发经费内部支出（万元）	初始值	114789	319768	82.167	5137591
	对数值	9.978	1.880	4.409	15.452
城镇化水平		0.445	0.255	0.028	0.998
外商直接投资		0.033	0.023	0.001	0.170
社会投资		0.603	0.246	0.170	1.389
财政收支		1.875	0.786	0.649	4.766
产业结构升级		0.809	0.368	0.313	4.166

注：为消除异方差影响，在实证分析中对非比值数据统一取对数处理。

资料来源：笔者根据2004～2018年《中国城市统计年鉴》《中国科技统计年鉴》《中国高技术产业统计年鉴》的相关数据运用Stata14.0软化计算整理而得。

二、空间权重矩阵设定与相关性分析

考虑到普通的面板模型并未将空间因素对估计结果的影响纳入模型的分析框架之中，对样本城市群各城市之间的空间联系进行设定，并对样本城市群的空间相关性进行测算。同时，选取合适的空间模型进行实证分析，本节将从空间权重矩阵设定、空间相关性分析与空间模型构建三个方面进行阐释。

1. 空间权重矩阵设定

空间权重矩阵的构建代表了空间联系方式及空间溢出途径，传统的空间权重矩阵假定空间距离较近或地理相邻的区域存在更强的空间联系与知识溢出效应。正如前文所述，创新型城市试点政策的实施使得不同城市间具有政策差异，试点政策的实施能够突破空间上的地理距离并释放政策的创新效应，即知识势差的存在使得不同城市间存在知识学习的可能（杨蕙馨和刘春玉，2005）。

本章认为，城市间由创新型城市试点政策差异而形成的创新势能构建的城市政策权重矩阵，能够反映城市群之间创新型城市与非创新型城市的空间联系。在具体矩阵构建上，以 0-1 变量代表是否为创新型城市，考虑到同类型城市在创新要素投入上的竞争性，以及创新型城市与非创新型城市之间的政策溢出效应，构建如式（6-1）所示的政策权重矩阵：

$$W_1 = \begin{bmatrix} w_{11} & \cdots & w_{1n} \\ \vdots & w_{ij} & \vdots \\ w_{n1} & \cdots & w_{nn} \end{bmatrix} \tag{6-1}$$

在式（6-1）中，矩阵的交会节点取值 $w_{ij} = |X_i - Y_i|$（i，j = 1，2，…，76）[①]，定义 X_i，Y_i（i，j = 1，2，…，76）分别为样本城市群76个城市的数据，以代表创新型城市试点政策关联强度，即创新势能存在与否，由此形成政策权重矩阵 W_1。[②] 在此，不考虑创新型城市之

---

① 在政策权重矩阵中，$X_i = 0$，$Y_i = 0$ 表示非创新型城市，$X_i = 1$，$Y_i = 1$ 表示创新型城市。

② 本章认为，同为创新型城市或均不为创新型城市不存在政策差异，创新政策的溢出主要由创新型城市与非创新型城市间的差异引起，故政策矩阵节点作如上计算。

间以及非创新型城市之间的差异性溢出效应，仅从政策设定视角考察创新型城市试点政策的知识溢出效应。

除此之外，为对比分析创新型城市试点政策的经济效应，本书以城市边界相邻或顶点相邻为原则①，构建地理邻接矩阵 W_2；以城市空间距离的倒数为交点值，构建空间距离矩阵 W_3。需要说明的是，不同的空间权重矩阵代表了城市群内部城市间不同的空间联系，在最终的空间效应上势必得出不同的测算结果。

2. 空间相关性分析

为识别城市群内部创新要素投入及经济发展之间的整体趋势，本书运用全局莫兰指数统计量进行空间自相关分析，衡量城市群内部各城市之间的空间关联强度，其计算公式如下：

$$\text{Moran's I} = \frac{\sum\limits_{i=1}^{n} \sum\limits_{j \neq i}^{n} w_{ij} E_i E_j}{\sigma \sum\limits_{i=1}^{n} \sum\limits_{j \neq i}^{n} w_{ij}} \qquad (6-2)$$

在式（6-2）中，$E_i = V_i - \overline{V}$，$\overline{V} = 1/n \sum\limits_{i=1}^{n} V_i$，$\sigma = 1/n \sum\limits_{i=1}^{n} (V_i - \overline{V})^2$，$n$ 为样本城市群所含城市样本数，V_i 为城市 i 的变量指标，w_{ij} 为所构建的三类空间权重矩阵节点值，σ 为样本方差。据式（6-2）对样本城市群的主要数据指标进行空间相关性分析，人均 GDP 的空间相关性分析结果，如表6-2所示。

表6-2　　　　　　　　人均 GDP 的空间相关性分析结果

年份	政策联系矩阵		地理邻近矩阵		空间距离矩阵	
	莫兰指数	z 值	莫兰指数	z 值	莫兰指数	z 值
2003	-0.134***	-6.574	0.554***	7.376	0.272***	11.708
2004	-0.138***	-6.812	0.553***	7.349	0.267***	11.506
2005	-0.266***	-13.786	0.466***	6.201	0.208***	9.040

① 相邻城市取 $w_{ij} = 1$，不相邻城市取 $w_{ij} = 0$。

年份	政策联系矩阵		地理邻近矩阵		空间距离矩阵	
	莫兰指数	z 值	莫兰指数	z 值	莫兰指数	z 值
2006	− 0. 266 ***	− 13. 748	0. 473 ***	6. 280	0. 214 ***	9. 288
2007	− 0. 257 ***	− 13. 214	0. 472 ***	6. 266	0. 213 ***	9. 225
2008	− 0. 263 ***	− 13. 583	0. 425 ***	5. 654	0. 198 ***	8. 599
2009	− 0. 272 ***	− 14. 122	0. 394 ***	5. 282	0. 184 ***	8. 074
2010	− 0. 253 ***	− 12. 959	0. 397 ***	5. 258	0. 190 ***	8. 215
2011	− 0. 306 ***	− 15. 793	0. 327 ***	4. 350	0. 147 ***	6. 480
2012	− 0. 328 ***	− 16. 993	0. 309 ***	4. 120	0. 134 ***	5. 966
2013	− 0. 149 ***	− 7. 989	0. 433 ***	6. 298	0. 184 ***	8. 771
2014	− 0. 353 ***	− 18. 346	0. 308 ***	4. 115	0. 133 ***	5. 938
2015	− 0. 378 ***	− 19. 696	0. 333 ***	4. 436	0. 144 ***	6. 345
2016	− 0. 405 ***	− 21. 130	0. 334 ***	4. 445	0. 144 ***	6. 353
2017	− 0. 428 ***	− 22. 342	0. 312 ***	4. 178	0. 137 ***	6. 054

注： *** 表示在 1% 的水平上显著。

资料来源：笔者根据 2004 ~ 2018 年《中国城市统计年鉴》《中国科技统计年鉴》《中国高技术产业统计年鉴》的相关数据运用 Stata14. 0 软件计算整理而得。

表 6 - 2 对样本城市群经济发展水平进行了空间相关性分析，结果表明：2003 ~ 2017 年，基于地理邻近矩阵与空间距离矩阵测算的空间经济相关性显著为正，地理邻近上的空间正向相关性更高，且除个别时点外，数值呈不断变小趋势。这表明，地理邻近上的空间正向相关性在逐步弱化，同时，印证了前文对城市地理联系强度受到创新基础设施与创新政策效应影响而不断削弱的推断。

基于政策权重矩阵分析得到城市间经济发展呈显著负向相关性的结论，且空间经济的负向相关性不断增强。这表明，创新型城市试点政策产生了较强的虹吸效应，使得创新型城市与非创新型城市经济发展水平不断分化，相应的空间溢出效应值得探索。

样本城市群基于政策联系的创新要素投入空间相关性分析，基于政策矩阵的分析结果，如表 6 - 3 所示。

表 6 - 3　　　　　　　　　基于政策矩阵的分析结果

年份	综合研发人员		高技术产业研发人员		综合研发经费内部支出		高技术产业研发经费内部支出	
	莫兰指数	z 值	莫兰指数	z 值	莫兰指数	z 值	莫兰指数	z 值
2003	- 0. 135 ***	- 8. 423	- 0. 125 ***	- 6. 878	- 0. 103 ***	- 6. 622	- 0. 088 ***	- 4. 361
2004	- 0. 141 ***	- 8. 766	- 0. 138 ***	- 7. 601	- 0. 109 ***	- 6. 858	- 0. 090 ***	- 4. 493
2005	- 0. 149 ***	- 9. 194	- 0. 149 ***	- 8. 198	- 0. 114 ***	- 7. 126	- 0. 096 ***	- 4. 737
2006	- 0. 158 ***	- 9. 671	- 0. 162 ***	- 8. 937	- 0. 123 ***	- 7. 368	- 0. 099 ***	- 4. 945
2007	- 0. 165 ***	- 10. 041	- 0. 171 ***	- 9. 402	- 0. 174 ***	- 10. 574	- 0. 132 ***	- 7. 926
2008	- 0. 174 ***	- 10. 532	- 0. 187 ***	- 10. 208	- 0. 196 ***	- 11. 547	- 0. 139 ***	- 8. 179
2009	- 0. 184 ***	- 11. 009	- 0. 200 ***	- 10. 892	- 0. 194 ***	- 11. 393	- 0. 139 ***	- 8. 543
2010	- 0. 195 ***	- 11. 473	- 0. 168 ***	- 9. 328	- 0. 197 ***	- 11. 609	- 0. 110 ***	- 7. 415
2011	- 0. 200 ***	- 11. 594	- 0. 203 ***	- 11. 107	- 0. 182 ***	- 10. 592	- 0. 126 ***	- 7. 531
2012	- 0. 217 ***	- 12. 417	- 0. 193 ***	- 10. 731	- 0. 210 ***	- 12. 216	- 0. 159 ***	- 8. 825
2013	- 0. 233 ***	- 13. 101	- 0. 215 ***	- 11. 589	- 0. 211 ***	- 12. 054	- 0. 139 ***	- 8. 641
2014	- 0. 242 ***	- 13. 415	- 0. 220 ***	- 11. 970	- 0. 217 ***	- 12. 527	- 0. 172 ***	- 9. 613
2015	- 0. 247 ***	- 13. 614	- 0. 228 ***	- 12. 411	- 0. 218 ***	- 12. 375	- 0. 149 ***	- 9. 099
2016	- 0. 251 ***	- 13. 841	- 0. 223 ***	- 12. 175	- 0. 224 ***	- 12. 562	- 0. 131 ***	- 9. 149
2017	0. 254 ***	- 14. 011	- 0. 217 ***	- 11. 847	- 0. 231 ***	- 12. 954	- 0. 152 ***	- 10. 616

注：*** 表示在 1% 的水平上显著，

资料来源：笔者根据 2004 ~ 2018 年《中国城市统计年鉴》《中国科技统计年鉴》《中国高技术产业统计年鉴》的相关数据运用 Stata14. 0 软件计算整理而得。

表 6 - 3 呈现了基于政策矩阵对样本城市群创新要素投入空间相关性的分析测算。结果表明：综合研发创新投入要素与高技术产业研发创新投入要素在政策矩阵的测算下，均表现为负向显著的空间相关性，综合研发人员、高技术产业研发人员与综合研发经费内部支出代表的三类研发创新投入要素的负向相关性，除个别时点外，整体上呈逐步扩大趋势。

这表明，在创新型城市试点政策的作用下，研发创新要素在样本城市群内部的城市间表现为逐步向创新型城市集聚的空间经济特征，创新型城市对非创新型城市创新要素的虹吸效应逐步增强，说明创新型城市试点政策引致的要素集聚现象不断显现。除此之外，从地理邻近与空间距离两个视角，运用空间邻近矩阵与空间地理距离矩阵，对样本城市群创新要素投入的空间相关性进行对比分析，基于空间矩阵的分析结果，如表 6 - 4 所示。

表 6 - 4　　　　　　　　基于空间矩阵的分析结果

年份	综合研发人员		高技术产业研发人员		综合研发经费内部支出		高技术产业研发经费内部支出	
	地理邻近	空间距离	地理邻近	空间距离	地理邻近	空间距离	地理邻近	空间距离
2003	0.014	- 0.006	0.293 ***	0.143 ***	0.005	- 0.006	0.216 ***	0.140 ***
2004	0.016	- 0.006	0.287 ***	0.135 ***	0.010	- 0.005	0.254 ***	0.167 ***
2005	0.022	- 0.004	0.285 ***	0.128 ***	0.014	- 0.005	0.233 ***	0.157 ***
2006	0.023	- 0.003	0.270 ***	0.120 ***	0.015	- 0.003	0.223 ***	0.147 ***
2007	0.028	- 0.001	0.268 ***	0.120 ***	0.059	0.002	0.222 ***	0.065 ***
2008	0.034	0.001	0.255 ***	0.110 ***	0.072 *	0.005	0.233 ***	0.067 ***
2009	0.038	0.003	0.239 ***	0.102 ***	0.065	0.001	0.203 ***	0.052 ***
2010	0.040	0.003	0.290 ***	0.130 ***	0.055	0	0.174 ***	0.050 ***
2011	0.046	0.005	0.240 ***	0.100 ***	0.073 *	0.007	0.263 ***	0.094 ***
2012	0.052	0.007	0.239 ***	0.098 ***	0.079 *	0.009	0.302 ***	0.104 ***
2013	0.059	0.009	0.225 ***	0.085 ***	0.071	0.005	0.199 ***	0.059 ***
2014	0.061	0.009	0.194 ***	0.071 ***	0.080 *	0.008	0.301 ***	0.089 ***
2015	0.062	0.010	0.171 ***	0.057 ***	0.071	0.007	0.222 ***	0.072 ***
2016	0.058	0.008	0.193 ***	0.065 ***	0.061	0.002	0.143 ***	0.037 ***
2017	0.064	0.011	0.182 ***	0.059 ***	0.078	0.004	0.189 ***	0.058 ***

注：　*** 和 * 分别表示在 1% 和 10% 的水平上显著。

资料来源：笔者根据 2004 ~ 2018 年《中国城市统计年鉴》《中国科技统计年鉴》《中国高技术产业统计年鉴》的相关数据运用 Stata14.0 软件计算整理而得。

表 6 - 4 展现了从地理邻近与空间距离两个视角构建的空间权重矩阵，对样本城市群内部各城市创新要素投入的空间相关性进行测算的结果。从表中可以看出：对于综合研发人员与综合研发经费内部支出的空间相关性测算表现为不显著①，表明样本城市群内部的城市间整体创新

————————

　　①　除综合研发经费在地理邻近矩阵测算下呈现个别时点上的正向显著空间相关性，其他时点均不显著。

环境与创新要素投入变化在地理上并无显著的空间相关性，各城市创新要素的总体投入较分散并缺乏针对性。另外，在高技术产业的创新要素投入上，基于地理邻近视角与空间距离视角的测算均表现为显著的正向相关性，且无论是在高技术产业研发人员上还是高技术产业研发经费内部支出上，地理邻近矩阵的系数更大，代表其空间正向相关性更强。这表明，样本城市群内部的城市间，在高技术产业研发创新要素投入上存在较强的空间依赖性与地理相关性，相邻城市对高技术产业研发创新要素投入趋同。

以上对于样本城市群的空间相关性检验表明：样本城市群内部的城市间在经济发展上呈现负向显著的政策相关性与正向显著的地理相关性，而创新要素投入的空间特征则表现为负向显著的政策相关性与正向显著的地理相关性，印证了假设4-3，即创新型城市建设过程中，由政策引致创新要素投入数量的增加与区域经济的发展水平均存在空间相关性。从变化趋势来看，经济发展水平与创新要素投入的政策相关性在逐步增强，伴随着二者空间地理相关性不断削弱，这说明，创新型城市突破了原有的地理空间约束，其政策导向性与虹吸效应不断显现，印证了前述关于空间政策矩阵构建的推断，并引出后续的研究探索。另外，样本城市群的经济发展水平及创新要素投入均呈现显著的空间相关性，表明对其进行相应的空间计量分析及空间模型设定，探索其空间溢出机制是合理和必要的。

三、空间模型构建

为衡量实施创新型城市试点政策的溢出效应及创新要素投入对区域经济发展的影响，本书借鉴既有研究文献，选取测度区域经济增长与空间知识溢出最常用的知识生产函数，以政策联系矩阵、地理邻近矩阵与空间距离矩阵衡量城市群各城市单元的空间联系，并反映创新型城市试点政策的实施在空间知识溢出中的现实作用，构建了一个包含创新型城市试点政策质量与创新要素投入的区域经济增长模型（赵勇和白永秀，2009）。该模型包含经济产出、创新资本投入、创新人力投入以及其他影响经济增长的控制变量。基准模型如下：

$$Y = AK^{\alpha}L^{\beta}I^{\gamma}\varepsilon \qquad (6-3)$$

同时，为消除数据异方差的影响，对式（6-3）两端取对数，进行如下变换：

$$\ln Y_{it} = \ln A_{it} + \alpha \ln K_{it} + \beta \ln L_{it} + \gamma \ln I_{it} + \varepsilon_{it} \qquad (6-4)$$

在式（6-4）中，Y 表示经济产出，以人均地区生产总值表示，A 为常数项，K 表示创新研发经费投入，L 表示创新人力资本投入，I 表示影响经济发展水平的其他变量，α、β、γ 分别表示资本、劳动以及其他经济要素的弹性系数，ε 表示独立同分布条件下的随机误差项，i，t 分别表示城市样本与时间样本。

实施创新型城市试点政策产生的知识溢出作为一项复杂的空间演化过程，是解释区域经济发展与城市空间结构演化的重要因素（任以胜、陆林和朱道才，2018）。传统的经济增长测算并没有考虑到面板数据在空间相关性与空间异质性上的差异，而空间经济学理论针对城市在空间结构与空间作用上的关系，运用权重矩阵将空间要素引入上述知识生产函数中，很好地解决了这一问题。另外，上述空间相关性的检验结果初步表明，城市创新要素投入之间存在空间依赖性，因而需要将空间影响因素纳入实证模型中，以检验现实作用效果（何舜辉、杜德斌和焦美琪等，2017）。常用的空间经济模型主要有以下三种，分别具有不同的模型特征及适用条件。

空间滞后模型（SLM）：通过在基准模型中加入空间滞后项，即因变量与空间权重矩阵的交乘项，测度因变量之间的内生自相关效应，进而通过空间传导机制反映空间滞后项①对因变量的影响。基准模型如下：

---

① 空间滞后项与时间滞后项并非同一概念，空间滞后项代表了因变量通过空间权重矩阵对因变量的影响作用。

$$Y_{it} = \varphi W_k Y_{it} + \beta_0 + \sum \beta_i X_{it} + \eta_i + \mu_t + \varepsilon_{it} \qquad (6-5)$$

在式（6-5）中，Y_{it} 为被解释变量，W_k 为不同权重 n×n 阶的空间权重矩阵（n 为城市个数），$W_k Y_{it}$ 表示因变量的空间滞后项，即被解释变量之间的交互作用，反映了其他空间相关地区对本地区的影响，X_{it} 为解释变量，φ 表示空间自回归系数，β_0 表示 n×1 阶常数项，β_i 为模型的估计参数，η_i、μ_t、ε_{it} 分别表示个体效应、时间效应和随机误差项。

空间误差模型（SEM）：假定空间溢出机制源于模型误差项，通过对基准模型中残差项的回归，分析由空间随机冲击带来的空间溢出效应。其中，$W_k \omega_{jt}$ 表示空间误差项的空间滞后项，ξ 表示 n×1 阶空间误差项的系数，形成以下空间模型：

$$Y_{it} = \beta_0 + \sum \beta_i X_{it} + \eta_i + \mu_t + \omega_{it}(\omega_{it} = \xi W_k \omega_{jt} + \varepsilon_{it}) \quad (6-6)$$

空间杜宾模型（SDM）：通过将因变量的滞后项与模型解释变量的滞后项纳入同一分析框架构建空间杜宾模型，可以得到更稳健的实证分析结果（戴宏伟和回莹，2019；周锐波、刘叶子和杨卓文，2019）。空间杜宾模型同时考虑了因变量的空间滞后项与自变量的空间滞后项，实现了对 SLM 模型与 SEM 模型的扩展（胡艳、唐磊和蔡弘，2018）。理论上，空间杜宾模型能够兼具随机误差项与空间滞后项对因变量的影响，即综合了空间误差模型与空间滞后模型的优点（吴士炜和余文涛，2018），同时，区域空间单元相对固定，且创新型城市被选取为固定样本，因而，对样本城市群的估计选取空间杜宾模型下的固定效应分析，探讨创新型城市试点政策对区域经济绩效的影响。空间杜宾模型的表达式如下：

$$Y_{it} = \varphi W_k Y_{it} + \beta_0 + \sum \beta_i X_{it} + \sum \delta_i W_k X_{it} + \eta_i + \mu_t + \varepsilon_{it} \quad (6-7)$$

在式（6-7）中，$W_k X_{it}$ 表示自变量的空间影响，δ_i 表示测度空间自变量影响被解释变量的估计参数，其他参数含义同式（6-6）。对于上述空间模型的选择，需要根据样本变量数据关系，参照 Wald 检验结果与 LM 检验结果判定空间杜宾模型的适用性。具体来讲：首先，要参考模型的拟合结果，验证假设 H_0：$\delta = 0$ 和假设 H_1：$\delta + \varphi\beta = 0$。其中，$\varphi$ 为空间杜宾模型中解释空间滞后因变量的系数，δ 为空间杜宾模型中的空间滞后解释变量系数，β 为空间杜宾模型中的解释变量自相关系数；其次，假设 H_0 用于检验是否存在空间杜宾模型简化为空间滞后模型的可能性，假设 H_1 用于检验是否存在空间杜宾模型简化为空间误差模型的可能性；最后，如果检验结果拒绝假设 H_0，同时，LM 检验结果稳健且支持选取空间滞后模型，则应当运用空间滞后模型进行估计；若检验结果拒绝假设 H_1，同时，LM 检验结果稳健且支持选取空间误差模型，则应当运用空间误差模型进行估计。若 Wald 检验与 LM 检验均拒绝原假设，表明模型中同时存在空间滞后项与空间误差项，应当选取空间杜宾模型对样本城市群进行空间效应分析。

空间矩阵的引入使得模型的系数并非简单的解释变量对被解释变量的影响，在空间杜宾模型的效应分解上，导致空间效应的真实偏回归值并不是空间杜宾模型的估计系数，解释变量的空间相关系数与非空间相关系数都未能反映解释变量的全部效应，需要运用偏微分方法对空间杜宾效应进行分解，得到直接效应、间接效应以及总效应（O'Brien，2009）。其中，直接效应代表了本地区自变量对解释变量的影响均值，而间接效应代表了地区之间的间接交互影响，即自变量对其他地区解释变量的影响为空间溢出效应。相应地，需要将空间杜宾模型变换为以下形式：

$$(I_n - \varphi W)Y_{it} = \beta_0 + (\sum \beta_i + \sum \delta_i W_k)X_{it} + \eta_i + \mu_t + \varepsilon_{it} \quad (6-8)$$

以被解释变量对解释变量求偏微分矩阵如下（刘传江和胡威，2016）：

$$\frac{\partial Y_{it}}{\partial X_{it}} = \begin{bmatrix} \frac{\partial y_1}{\partial x_{1t}} & \cdots & \frac{\partial y_1}{\partial x_{nt}} \\ \vdots & \vdots & \vdots \\ \frac{\partial y_n}{\partial x_{1n}} & \cdots & \frac{\partial y_n}{\partial x_{nn}} \end{bmatrix} = (I_n - \varphi W)^{-1} \begin{bmatrix} \beta_i & \delta_i w_{12} & \cdots & \delta_i w_{1n} \\ \delta_i w_{21} & \beta_i & \cdots & \delta_i w_{2n} \\ \vdots & \vdots & \vdots & \vdots \\ \delta_i w_{n1} & \delta_i w_{n2} & \cdots & \beta_i \end{bmatrix}$$

$$(6-9)$$

在式（6-9）中，对右侧矩阵主对角线上的元素求平均值即可得到直接效应，非对角线元素的均值为对应的间接效应大小。总效应与直接效应更便于计算，在计算间接效应时，选取总效应与间接效应的差值求解。

第二节　实证分析

一、基准回归分析

本章在不考虑城市间空间联系，仅考虑样本城市群城市创新要素投入的情况下，分别从高技术产业研发要素投入（HTEin）与综合研发要素投入（TRDin）两个视角，运用面板基准回归模型对创新要素投入的经济效应进行分析，并采用逐步加入控制变量的方法进行估计①，基准回归分析结果，如表6-5所示。

从表6-5可以看出，在模型1~模型6中，高技术产业研发要素投入（HTEin）与综合研发要素投入（TRDin）对人均GDP表现出显著正向的影响，表明研发创新要素投入均能够驱动城市经济水平提升。通过逐步加入控制变量，模型的拟合优度由0.850提升至0.884，且控制变量对人均GDP的影响均是显著的，表明前述对经济增长影响因素的分析以及控制变量的选取是合理、有效的。

具体来讲，在表6-5的模型1仅考虑HTEin与TRDin的情况下，模型的拟合优度分别为0.850与0.851，每单位高技术产业研发人员及高技术产业研发经费内部支出增加，分别能带动人均GDP增长0.440个单位、0.204个单位；每单位综合研发人员及综合研发经费内部支出增加，分别能带动人均GDP增长0.556个单位与0.295个单位。相对而言，研发人员增加相比研发经费增加更能促进经济水平增长；相比于高技术创新要素投入，综合研发要素投入能在更大程度上带动经济发展，这一现象在增加控制变量的实证模型中仍然显著。

---

① 参考霍斯曼（Hausman）检验结果，模型1至模型6均显著拒绝随机效应假设，仅展示固定效应估计结果。

表 6-5

基准回归分析结果

变量	模型 1		模型 2		模型 3		模型 4		模型 5		模型 6	
	HTEin	TRDin	HTEin	TRDin	HTEin	TRDin	HTEin	TRDin	HTEin	TRDin	HTEin	TRDin
高技术产业研发人员	0.440***		0.431***		0.446***		0.392***		0.394***		0.399***	
高技术产业研发经费内部支出	0.204***		0.190***		0.178***		0.139***		0.136***		0.140***	
综合研发人员		0.556***		0.529***		0.527***		0.430***		0.427***		0.474***
综合研发经费内部支出		0.295***		0.282***		0.286***		0.234***		0.234***		0.230***
城镇化水平			0.297***	0.331***	0.263***	0.339***	0.186***	0.215***	0.187***	0.216***	0.201***	0.246***
外商直接投资					-2.776***	-0.913*	-4.255***	-1.494***	-4.304***	-1.531***	-4.413***	-1.660***
社会投资							0.534***	0.651***	0.541***	0.657***	0.503***	0.564***
财政收支									-0.066***	-0.042**	-0.065***	-0.039***
产业结构升级											-0.095**	-0.213***
常数项	5.161***	1.679***	5.240***	1.931***	5.363***	1.872***	5.901***	3.130***	6.030***	3.232***	6.060***	3.057***
拟合优度	0.850	0.851	0.855	0.857	0.860	0.858	0.873	0.880	0.875	0.881	0.875	0.884
样本数	76	76	76	76	76	76	76	76	76	76	76	76

资料来源：笔者根据 2004~2018 年《中国城市统计年鉴》《中国科技统计年鉴》《中国高技术产业统计年鉴》的相关数据运用 Stata14.0 软件计算整理而得。

在表6-5的模型2~模型5逐步增加控制变量的情况下，城镇化水平、社会投资对人均GDP的影响显著为正，表明城镇化的推进以及社会投资的增加，均能有效刺激城市经济发展水平提升；而外商直接投资、财政收支以及产业结构升级对经济增长的影响均显著为负，表明外商直接投资对本国经济发展存在挤出效应，在一定程度上抑制了本国经济发展；财政收支表明政府对市场的干预强度，在创新依赖的市场环境下，财政支出增加将会制约区域经济水平提升；产业结构也不利于经济创新发展，而前述理论分析表明，创新型城市试点政策将有助于改善产业结构升级的情况，有助于人均GDP水平提升。

前述莫兰指数检验及样本空间相关性分析表明，样本城市群各变量间存在显著的空间相关性，普通的面板基准回归模型的估计结果存在估计偏差，已不能准确解释创新要素投入的空间经济现象。有文献指出，虽然普通的面板回归模型可以利用固定效应或随机效应反映个体的绝对地理位置，但其缺陷在于忽视了研究样本之间的相对位置关系（符淼，2009）。与之相对，空间计量分析方法综合考虑了研究样本单元之间绝对的地理位置与通过空间矩阵表现的相对地理位置的关系，并在计量模型中加入了被解释变量及反映随机误差的空间滞后项，共同阐释样本单元的空间相关关系，这与仅考虑单一技术要素投入影响因素的普通面板回归具有本质上的差异（符淼，2009）。本章后续的实证分析将从空间经济模型视角，对创新型城市试点政策实施的经济效应进行进一步比较。

二、空间计量与模型选择

基于上述理论分析，本节将政策联系矩阵、地理邻近矩阵以及空间距离矩阵分别纳入经济增长的空间分析框架，从政策联系、地理邻近与空间距离三个视角对创新型城市试点政策引致创新要素投入增加的知识溢出效应进行对比分析，对创新要素投入的空间溢出效应进行测算，空间面板模型测算结果，如表6-6所示。

表 6 – 6　　　　　　　　　　空间面板模型测算结果

	变量	政策联系矩阵		地理邻近矩阵		空间距离矩阵	
		HTEin	TRDin	HTEin	TRDin	HTEin	TRDin
Main	高技术产业研发人员	0.096 ***		0.025		– 0.046 **	
	高技术产业研发经费内部支出	0.042 ***		0.051 ***		0.019 *	
	综合研发人员		– 0.067 *		0.033		– 0.008
	综合研发经费内部支出		0.076 ***		0.066 ***		0.054 ***
	城镇化水平	0.147 ***	0.148 ***	0.099 ***	0.121 ***	0.100 ***	0.124 ***
	外商直接投资	1.060 ***	1.934 ***	– 0.389	0.129	0.784 **	0.818 **
	社会投资	0.094 **	0.099 **	– 0.050	– 0.051	– 0.094 **	– 0.097 **
	财政收支	– 0.096 ***	– 0.079 ***	– 0.078 ***	– 0.072 ***	– 0.076 ***	– 0.086 ***
	产业结构升级	– 0.337 ***	– 0.359 ***	– 0.183 ***	– 0.203 ***	– 0.247 ***	– 0.235 ***
Wx	高技术产业研发人员	– 0.338 ***		0.072 **		0.252 ***	
	高技术产业研发经费内部支出	0.363 ***		0.010		– 0.107 **	
	综合研发人员		0.099		0.052		– 0.052
	综合研发经费内部支出		0.194 ***		0.097 ***		0.039
	城镇化水平	0.299	0.743 *	– 0.030	0.062	0.291 *	0.327 **
	外商直接投资	– 3.919 **	– 2.809	– 1.612 ***	0.265	0.822	2.465 **
	社会投资	0.342 ***	0.434 ***	0.249 ***	0.225 ***	0.470 ***	0.436 ***
	财政收支	0.233 ***	0.055	0.069 ***	0.061 ***	0.048	0.032
	产业结构升级	– 0.143	– 0.141	0.110 ***	0.055	– 0.162 ***	– 0.110
	Rho	0.407 ***	0.313 ***	0.688 ***	0.604 ***	0.784 ***	0.791 ***
	sigma2 – e	0.020 ***	0.019 ***	0.014 ***	0.014 ***	0.013 ***	0.014 ***
	R – sq	0.935	0.938	0.922	0.937	0.933	0.931
	Log – L	386.576	371.284	480.954	518.487	791.848	550.601
	Hausman test	– 465.385	– 45.360	– 2.261	– 5.743	49.297 ***	2.604
	Robust – LM – lag	82.730 ***	69.801 ***	51.340 ***	80.640 ***	63.330 ***	58.240 ***
	Robust – LM – error	118.780 ***	98.960 ***	217.701 ***	307.050 ***	133.770 ***	139.440 ***

续表

变量	政策联系矩阵		地理邻近矩阵		空间距离矩阵	
	HTEin	TRDin	HTEin	TRDin	HTEin	TRDin
Wald - spatial - lag	29.394 ***	17.584 **	11.613 **	6.158 **	20.354 ***	12.398 **
Wald - spatial - error	24.451 ***	13.465 **	8.784 **	4.941 **	16.851 ***	9.671 **
样本数	76		76		76	

注：***、**和*分别表示在1%、5%和10%的水平上显著。

资料来源：笔者根据2004~2018年《中国城市统计年鉴》《中国科技统计年鉴》《中国高技术产业统计年鉴》的相关数据运用Stata14.0软件计算整理而得。

由表6-6可以看出，三类空间权重矩阵对模型的拟合结果均大于0.920，表明在实证上空间模型的解释力均高于表6-5中普通面板模型的拟合结果，同时，结合前述样本城市群的空间相关性分析可以发现，样本城市群内部的城市间有显著的空间作用机制。创新型城市试点政策引致创新要素投入增加，不仅能对本地区的经济发展水平产生显著影响，也能够对其他地区的经济发展水平产生作用，这在三类空间权重矩阵的作用下均是显著有效的。这表明，创新型城市建设引致创新要素投入增加，不仅能影响创新型城市的经济发展水平，而且能通过实施创新型城市试点政策与知识溢出效应的作用，对非创新型城市的经济发展水平产生影响，而且印证了假设4-4。

需要说明的是，虽然相对于普通面板数据测算的回归结果，空间回归估计能够得到关于样本城市群空间效应更准确的结果，但不同的空间模型选择代表了不同的经济联系及空间作用机制，将会对实证结果产生影响（白俊红、王钺和蒋伏心等，2017）。有文献指出，空间模型的选择依据，应当基于检验结果进行判断（O'Brien，2009）。以本章样本数据为例，在表6-6中基于空间杜宾模型分析，对于空间滞后以及空间误差的LM检验与Wald检验均显著拒绝原假设。这表明，模型中同时存在空间滞后项与空间误差项，即空间杜宾模型不可简化为空间误差模型或空间滞后模型，本书选取空间杜宾模型对样本城市群创新要素投入的空间效应进行分析是合适且恰当的。

基于空间杜宾模型的基准回归结果表明，作为核心解释变量的高技术创新要素与综合研发要素在不同空间权重矩阵下对经济发展水平呈现不同的空间溢出效应。在政策联系矩阵上，高技术产业研发人员、高技术产业研发经费内部支出以及综合研发经费内部支出对本地区人均 GDP 均表现为正向促进作用，而综合研发人员对本地区人均 GDP 表现为显著负向影响，表明在考虑政策空间联系的情况下，对本地区综合研发人员投入过多产生了创新资源的错配效应，将会抑制本地区经济发展，当地应当积极吸引高技术人才，而非积极吸引综合研发人员。

在对其他区域的影响上，高技术产业研发经费内部支出、综合研发人员以及综合研发经费内部支出的投入对其他地区均呈现正向影响，而高技术产业研发人员的投入却对其他地区的人均 GDP 产生负向抑制作用。这表明，政策相关的城市在高技术人才投入上呈现显著的竞争性，反映高技术创新人才稀缺，以及试点政策产生人才虹吸效应的现状。

另外，基于地理邻近矩阵对创新要素投入的测算结果表明，高技术创新要素与综合研发要素的投入对本地区经济增长均有正向促进作用，同时，在对其他地区的影响上，两类要素能够带动邻近地区的经济增长，表明创新要素的投入对地理邻近地区实现了积极的知识溢出效应。在空间距离矩阵上，高技术产业研发经费投入以及综合研发经费投入的增加能够促进本地区人均 GDP 增长，但相应的高技术产业研发人员与综合研发人员的投入，对本地区经济发展呈负向抑制作用。

这表明，在考虑城市空间距离的影响下，创新人力资本投入并不能对本地区经济增长产生直接的正向影响，相应的创新环境建设与创新基础设施仍有待提升，以发挥创新人力资本的正向优势。在对其他地区人均 GDP 的影响上，高技术产业研发经费内部支出对其他地区的影响显著为负，高技术产业研发人员的影响显著为正，这与两要素对本地区的影响结果相反，表明样本城市群内部对高技术要素投入呈现明显的竞争趋势，同时，反映了高技术要素稀缺性的特点。

最后，基于三类空间权重矩阵对控制变量的分析，城镇化水平、外商直接投资对本地区人均 GDP 的提升均表现为正向显著的促进作用，而财政收支、产业结构升级表现为显著负向的影响。社会投资在政策联系矩阵下对本地区的经济水平具有正向影响，而在空间距离矩阵下则表现为负向影响。这表明，创新型城市试点政策具有不同于传统空间距离的空间溢出机制。在控制变量对其他地区人均 GDP 的影响中，城镇化水平、社会投资与财政收支具有显著正向的促进作用，而外商直接投资在政策联系矩阵与地理邻近矩阵下的影响为负，在空间距离矩阵下的影响为正，这种差异与社会投资对本地区的影响较为类似，反映了外商直接投资在不同空间关系下的不同影响机制，同时，产业结构升级在不同矩阵下对其他地区的人均 GDP 均为负向影响。与此同时，在表 6 - 6 的实证分析中发现，空间滞后项的回归系数在 1% 的显著性水平上不为 0，表示对应空间杜宾模型的基准回归系数已不能准确反映解释变量对被解释变量的影响，需要运用偏微分方法对空间经济溢出的总效应进行分解，更好地测算变量间的空间交互影响。

三、知识溢出效应的分解

为更准确地探究样本城市群城市内部各创新要素投入对经济发展水平的影响，本章基于政策联系矩阵、地理邻近矩阵以及空间距离矩阵三类矩阵，运用空间杜宾模型对高技术要素投入与综合研发要素投入产生的空间经济效应进行分解，空间杜宾模型效应分解结果，如表 6 - 7 所示。

表 6 - 7　　　　　　　　空间杜宾模型效应分解结果

人均 GDP		政策联系矩阵		地理邻近矩阵		空间距离矩阵	
		HTEin	TRDin	HTEin	TRDin	HTEin	TRDin
直接效应	高技术产业研发人员	0.093 ***		0.050 **		− 0.030	
	高技术产业研发经费内部支出	0.046 ***		0.062 ***		0.012	
	综合研发人员		− 0.066 *		0.050 *		− 0.012

人均 GDP		政策联系矩阵		地理邻近矩阵		空间距离矩阵	
		HTEin	TRDin	HTEin	TRDin	HTEin	TRDin
直接效应	综合研发经费内部支出		0.077 ***		0.093 ***		0.059 ***
	城镇化水平	0.155 ***	0.159 ***	0.113 ***	0.151 ***	0.13 ***	0.159 ***
	外商直接投资	1.016 **	1.912 ***	-0.893 **	0.201	0.889 ***	1.054 ***
	社会投资	0.099 **	0.103 **	0.007	-0.011	-0.065 *	-0.070 *
	财政收支	-0.093 ***	-0.078 ***	-0.073 ***	-0.068 ***	-0.076 ***	-0.088 ***
	产业结构升级	-0.341 ***	-0.362 ***	-0.188 ***	-0.218 ***	-0.272 ***	-0.258 ***
间接效应	高技术产业研发人员	-0.493 ***		0.267 ***		0.977 ***	
	高技术产业研发经费内部支出	0.633 ***		0.129 **		-0.422	
	综合研发人员		0.112		0.175 **		-0.266
	综合研发经费内部支出		0.314 ***		0.315 ***		0.370
	城镇化水平	0.567	1.135 *	0.111	0.311 ***	1.726 **	2.042 **
	外商直接投资	-5.721 *	-3.176	-5.444 ***	0.84	6.765	15.117 ***
	社会投资	0.639 ***	0.675 ***	0.621 ***	0.445 ***	1.832 ***	1.734 ***
	财政收支	0.326 ***	0.044	0.047	0.042	-0.063	-0.174
	产业结构升级	-0.468 ***	-0.369 **	-0.050	-0.164 **	-1.638 ***	-1.455 ***
总效应	高技术产业研发人员	-0.401 **		0.317 ***		0.947 ***	
	高技术产业研发经费内部支出	0.679 ***		0.191 ***		-0.409	
	综合研发人员		0.046		0.225 ***		-0.277
	综合研发经费内部支出		0.391 ***		0.408 ***		0.429 *
	城镇化水平	0.721	1.294 **	0.224	0.462 ***	1.856 **	2.201 **
	外商直接投资	-4.706	-1.264	-6.338 ***	1.041	7.654 *	16.171 ***
	社会投资	0.738 ***	0.778 ***	0.629 ***	0.434 ***	1.767 ***	1.664 ***
	财政收支	0.233 ***	-0.034	-0.026	-0.025	-0.139	-0.262
	产业结构升级	-0.809 ***	-0.731 ***	-0.238 **	-0.382 ***	-1.910 ***	-1.714 ***

注：***、**、* 分别表示在1%、5%和10%的水平上显著。

资料来源：笔者根据 2004～2018 年《中国城市统计年鉴》《中国科技统计年鉴》《中国高技术产业统计年鉴》的相关数据运用 Stata14.0 软件计算整理而得。

相比于表 6-6 的空间面板模型测算结果，以空间杜宾模型对样本城市群空间溢出效应的分解展示了更准确的空间经济效应，表 6-7 的研究结果表明以下内容。

在样本城市的政策联系上，本地区的高技术产业研发人员投入、高技术产业研发经费内部支出投入以及综合研发经费内部支出投入将对本地区的经济增长产生正向刺激，每单位要素投入增加，分别使人均 GDP 提升 0.093 个单位、0.046 个单位与 0.077 个单位；而每单位综合研发人员投入的增加将会对本地区经济产生负向影响，使人均 GDP 降低 0.066 个单位。这表明，在考虑样本城市群之间政策的空间联系时，综合研发人员投入强度偏高对经济发展呈现抑制作用，反映了综合研发人员与综合研发经费内部支出的组合引起了创新要素资源错配问题。

在空间距离矩阵上，除综合研发经费内部支出对本地区人均 GDP 具有正向影响外（每单位综合研发经费内部支出的增加，能够增加人均 GDP 水平 0.059 个单位），其他三种创新研发要素投入的直接效应结果并不显著，反映了其他研发要素投入针对性不强、空间联系不紧密的特点。而在地理邻近矩阵测算中，四类创新研发要素投入表现了对经济发展的显著正向刺激作用，即高技术产业研发人员、高技术产业研发经费内部支出、综合研发人员与综合研发经费内部支出每单位投入的增加，分别带动人均 GDP 增长了 0.050 个单位、0.062 个单位、0.050 个单位与 0.093 个单位。值得注意的是，针对空间距离矩阵测算的变量系数存在部分不显著的情况，本章认为，这反映了当前创新研发要素投入对经济发展水平的直接作用机制已经突破了传统空间距离的限定，并转变为政策导向型的作用机制与地理邻近型的作用机制。

在空间溢出效应即间接效应上，政策矩阵的测算结果表明，高技术产业研发经费内部支出、综合研发人员以及综合研发经费内部支出对其他地区的经济增长具有显著正向的空间溢出效应，对应每单位投入要素的增加分别能够促进人均 GDP 提升 0.633 个单位、0.112 个单位以及 0.314 个单位。假设 4-4 得到进一步验证，即创新型城市试点政策的实施，能够通过知识溢出效应的正向影响，对区域经济发展产生积极作用。但是，在高技术产业研发人员投入上，本地区每单位要素投入的增加，将使其他地区人均 GDP 水平降低 0.493 个单位，这表明，在考虑空间政策联系的情况下，样本城市群内部各城市对高技术产业研发人员表现出投入的竞争性，导致其空间溢出效应为负。

对比来看，政策联系的间接效应强于对本地区经济发展刺激的直接效应，表明创新型城市试点政策构建的创新要素空间溢出渠道能够对其他地区产生积极的知识溢出。在空间距离矩阵对空间溢出效应的测算上，除高技术产业研发人员在空间距离矩阵测算的结果为正向显著外，其他三类要素投入的结果存在不显著的情况。而在地理邻近矩阵的测算上，四类创新研发要素的投入将对地理邻近区域产生积极的空间溢出效应，相应的创新要素单位投入的增加分别促进其他区域人均 GDP 水平提升 0.267 个单位、0.129 个单位、0.175 个单位与 0.315 个单位。对比分析两类地理权重矩阵的间接效应结果发现，创新要素对应的空间距离溢出机制已不再显著，要素投入的空间影响仅限于地理邻近区域。值得关注的是，创新要素空间溢出效应均大于对本地区经济增长的直接刺激效应，反映了创新要素投入能够实现对整体创新环境提升的积极作用，但高技术人才的稀缺性及综合研发要素的配比值得重视。

基于三类空间权重矩阵对控制变量的分析表明，城镇化水平与社会投资对样本城市群人均 GDP 的整体影响显著为正，这与前期面板模型基准回归的结果一致。产业结构升级对人均 GDP 的影响显著为负，表明第二产业、第三产业的结构情况不利于经济发展，应继续深化创新型城市试点政策实现产业结构升级。在外商直接投资与财政收支对人均 GDP 的影响上，不同的空间权重矩阵呈现不同影响结果的原因在于，不同城市在外商直接投资及财政收支上存在较大的独立性与差异性，在考虑城市空间联系时存在不同的作用结果。

综合来看，在考虑了直接效应与间接效应共同形成的总效应影响上，空间距离矩阵在高技术产业研发经费内部支出与综合研发人员上的估计结果不显著，在高技术产业研发人员与综合研发经费内部支出上均显著为正，分别使样本城市群人均 GDP 水平整体提升了 0.947 个单位与 0.429 个单位，而关于政策联系矩阵与地理邻近矩阵的测算，得到了比空间距离矩阵更为显著的实证结果。在地理邻近矩阵上，四类创新投入要素对样本城市群人均 GDP 水平均产生了正向影响，且直接效应与溢出效应同向叠加，共同推进了样本城市群整体经济水平增长。

这表明，研发创新要素投入对经济发展的作用更多的是基于政策联系矩阵与地理邻近矩阵的影响，在拓展到空间距离矩阵时，创新要素投入对经济增长的影响不显著。在政策联系矩阵上，高技术产业研发人员要素投入对经济发展的影响表现为负向的竞争性，单位要素投入增加将会使人均 GDP 降低 0.401 个单位，而在高技术产业研发经费内部支出投入、综合研发人员以及综合研发经费内部支出上，将对样本城市群人均 GDP 水平分别提升 0.679 个单位、0.046 个单位和 0.391 个单位，且除综合研发人员外，高技术产业研发经费内部支出与综合研发经费内部支出对整体经济增长呈现正向叠加效应，即直接效应与间接效应的影响具有一致性。

第三节 稳健性检验与异质性分析

按照创新要素投入与经济发展的客观规律，研发创新要素投入应当对人均 GDP 水平产生正向积极效应。而前述实证结果表明，从创新型城市试点政策联系矩阵角度来看，样本城市群内部的高技术产业研发人员投入对其他地区产生负向的溢出效应。虽然本章认为，导致这一现象的原因在于，高技术产业研发人员的稀缺性及整体的竞争性要素投入，但实证结论是否稳健可信仍待进一步检验。考虑到前文基于总量视角对高技术产业研发人员进行测算，故本节参照张杰和郑文平（2018）的做法，从研发创新要素投入相对量角度，考察高技术产业研发人员占总就业人员比重及综合研发人员占总就业人员比重的实证分析结果，是否能得到与总量测算相同的结论。

另外，样本城市群包含了京津冀城市群、长三角城市群、珠三角城市群、长江中游城市群四大城市群，在更微观的视角上，各城市群内部创新要素投入的空间效应是否与总体空间效应相同，是否具有空间溢出的特殊性等问题仍值得研究，本节拟从样本稳健性检验与城市群异质性分析两个视角展开。

一、溢出效应的样本稳健性检验

前述实证分析分别从高技术产业研发人员与综合研发人员两个方面，对样本城市群创新人力资本投入的"质"和"量"进行核算，并对三类空间矩阵对创新要素投入所产生的空间效应进行分析。为了检验上述实证结果是否可信，在稳健性检验中，以对应的高技术产业研发人员占总就业人员比重与综合研发人员占总就业人员比重替代高技术产业研发人员与综合研发人员，并用空间杜宾模型最终的效应分解进行展示，稳健性检验结果，如表 6-8 所示。

表 6-8　　　　　　　　　稳健性检验结果

人均 GDP			政策联系矩阵		地理邻近矩阵		空间距离矩阵	
			HTEin	TRDin	HTEin	TRDin	HTEin	TRDin
直接效应	稳健测算	人员占比	0.053 ***	- 0.014 *	0.017	0.017	0.003	- 0.007
		经费投入内部支出	0.022 **	0.051 ***	0.078 ***	0.197 ***	0.017 *	0.042 ***
	原有对照	人员投入	0.093 ***	- 0.066 *	0.050 **	0.050 *	- 0.030	- 0.012
		经费投入内部支出	0.046 ***	0.077 ***	0.062 ***	0.093 ***	0.012	0.059 ***
间接效应	稳健测算	人员占比	- 0.222 *	0.274 *	- 0.062	- 0.076	0.116	- 0.808 **
		经费投入内部支出	0.501 ***	0.306 ***	0.356 ***	0.438 ***	0.129	0.411 ***
	原有对照	人员投入	- 0.493 **	0.112	0.267 ***	0.175 **	0.977 ***	- 0.266
		经费投入内部支出	0.633 ***	0.314 ***	0.129 **	0.315 ***	- 0.422	0.370

人均 GDP			政策联系矩阵		地理邻近矩阵		空间距离矩阵	
			HTEin	TRDin	HTEin	TRDin	HTEin	TRDin
总效应	稳健测算	人员占比	− 0.169 *	0.260 *	− 0.045	− 0.058	0.119	− 0.814 **
		经费投入内部支出	0.523 ***	0.358 ***	0.434 ***	0.535 ***	0.146	0.454 ***
	原有对照	人员投入	− 0.401 **	0.046	0.317 ***	0.225 ***	0947 ***	− 0.277
		经费投入内部支出	0.679 ***	0.391 ***	0.191 ***	0.408 ***	− 0.409	0.429 *

注：限于篇幅，稳健性检验没有展示控制变量的估计结果，并将高技术产业研发人员投入与综合研发人员投入合并于同一行显示，以纵向高技术产业研发投入（HTEin）与综合研发投入（TRDin）进行区分，经费投入核算用相同方法合并展示。*** 、 ** 、 * 分别表示在1%、5%和10%的水平上显著。

资料来源：笔者根据 2004 ~ 2018 年《中国城市统计年鉴》《中国科技统计年鉴》《中国高技术产业统计年鉴》的相关数据运用 Stata14.0 软件计算整理而得。

表 6 - 8 展示了稳健性检验与原有回归测算的对照结果，可以看出，政策矩阵的估计结果仍然显著，除个别创新要素投入的作用强度小于原有估计结果外，高技术产业研发要素、综合研发要素投入的作用方向保持不变。这表明，在以人员投入占比为解释变量的稳健性检验中，原有对创新型城市试点政策的效应估计是稳健可信的。需要注意的是，在以高技术产业研发人员占比及综合研发人员占比为解释变量的前提下，相应的系数绝对值均小于原有测算结果，表明以人员占比形式表达的要素投入强度弱于以绝对量测算的结果，这是符合经验预期的。

在地理邻近矩阵视角下，两类研发人员投入的稳健性分析均不显著，且部分空间效应呈反向影响，尤其是在高技术产业研发人员要素投入的效应测算中，两类地理矩阵的测算结果均不显著。仅在空间距离矩阵中，综合研发人员投入占比的间接效应与总效应呈显著结果，这表明，两类空间地理矩阵已不能准确衡量相应研发人员占比的空间溢出效应。

值得注意的是，与其他矩阵的稳健性检验中研发经费投入作用强度减小的情况不同，基于地理邻近矩阵的测算结果表明，在研发人员投入以占比形式计算后，相应的经费投入系数更大，对人均 GDP 水平提升的作用强度更大。对于这一结果，尚未找到适合的理论进行解释，抑或以占比形式表达的研发人员要素投入强度弱化，使原有经费要素的投入强度相对增强导致。但其显著性水平及作用方向均与原有测算一致，表明测算结果仍然是稳健可信的。

整体来看，政策矩阵的实证结果更加稳健。在两类空间地理矩阵的对照分析中，虽然存在对原有高技术产业研发人员投入测算不显著的情况，但更多的是在原有测算显著的情况下，稳健性检验不显著。这表明，当前对于高技术产业研发人员的影响更多地依赖于政策机制，各地高技术产业的政策导向性是驱动高技术产业研发人员集聚的重要因素，地理邻近及空间距离的影响仅限于对高技术产业研发人员总量的影响，对产业人员占比的作用并不显著。同时，高技术产业研发经费内部支出投入与综合研发经费内部支出投入在三类空间矩阵中，均通过了稳健性检验。

二、溢出效应的异质性分析

样本城市群囊括了京津冀城市群、长三角城市群、珠三角城市群及长江中游城市群四大城市群，且具有空间跨度大、区域集聚态势明显的特征，需要分别对四大城市群的空间效应进行测算。因此，分别提取了分样本城市群的空间权重矩阵，依照空间杜宾模型对其效应进行分解，异质性分析结果，如表 6-9 所示。

表 6-9　　　　　　　　　　　异质性分析结果

人均 GDP			政策联系矩阵		地理邻近矩阵		空间距离矩阵	
			HTEin	TRDin	HTEin	TRDin	HTEin	TRDin
直接效应	京津冀城市群	人员	0.265 ***	0.340 ***	0.158 **	0.317 ***	0.159 **	0.426 ***
		经费	0.086 ***	0.123 ***	0.084 ***	0.116 ***	0.082 ***	0.097 ***
	长三角城市群	人员	-0.007	-0.177 ***	-0.128 **	-0.136 ***	-0.204 ***	-0.215 ***
		经费	0.094 ***	0.060 ***	0.061 ***	0.083 ***	0.045 **	0.051 ***

人均GDP			政策联系矩阵		地理邻近矩阵		空间距离矩阵	
			HTEin	TRDin	HTEin	TRDin	HTEin	TRDin
直接效应	珠三角城市群	人员	0.164	0.167	0.533***	0.536***	0.419***	0.468***
		经费	0.030	0.027	-0.051	-0.057	-0.036	-0.054
	长江中游城市群	人员	-0.029	0.081*	0.017	0.194***	-0.043*	0.091**
		经费	0.044***	0.044***	0.058*	0.063*	0.033***	0.042***
间接效应	京津冀城市群	人员	-0.742***	-0.115	0.440**	0.286*	-0.370	-0.229
		经费	0.541***	0.404***	0.041	0.178*	0.389**	0.337*
	长三角城市群	人员	-0.731**	0.246**	0.006	0.028	0.401*	0.343**
		经费	0.879***	0.409***	0.427***	0.457***	0.167	0.249***
	珠三角城市群	人员	0.379	0.380	1.086***	1.051***	0.922***	1.158***
		经费	0.184	0.153	-0.340**	-0.362**	-0.216	-0.365
	长江中游城市群	人员	-0.376*	0.703***	0.158**	0.531***	0.212	0.737***
		经费	0.648***	0.249***	0.237**	0.228**	0.221***	0.184*
总效应	京津冀城市群	人员	-0.477*	0.225	0.598***	0.603***	-0.212	0.197
		经费	0.626***	0.527***	0.126	0.294**	0.471***	0.434**
	长三角城市群	人员	-0.739**	0.069	-0.122	-0.108	0.195	0.128
		经费	0.973***	0.469***	0.489***	0.54***	0.212	0.301***
	珠三角城市群	人员	0.543	0.547	1.619***	1.587***	1.341**	1.627***
		经费	0.214	0.180	-0.391**	-0.419**	-0.251	-0.420
	长江中游城市群	人员	-0.405*	0.784***	0.175**	0.725***	0.168	0.828***
		经费	0.692***	0.293***	0.295***	0.291***	0.254*	0.226**

注：限于篇幅，实证结果的呈现模式与稳健性检验相同。***、**、*分别表示在1%、5%和10%的水平上显著。

资料来源：笔者根据2004~2018年《中国城市统计年鉴》《中国科技统计年鉴》《中国高技术产业统计年鉴》的相关数据运用Stata14.0软件计算整理而得。

表6-9的分样本城市群实证结果表明：四大城市群在空间溢出效应的作用上呈现出异质性特征，不同的空间矩阵测算使得四大城市群表现出不同的空间溢出效应，具体来讲有以下三点。

第一，在政策联系矩阵的空间效应测算中，珠三角城市群在高技术产业要素、综合研发要素投入上的三种效应结果均不显著，这与其他城市群在对应空间联系矩阵下的效应结果截然不同。这表明，创新型城市试点政策的实施在珠三角城市群的政策效应并不显著，另外可能的原因在于，珠三角城市群的技术创新水平处于高度发展阶段且创新型城市仅有广州和深圳，政策指引尚不能起到相应的促进效果。在对其他三个城市群的直接效应测算中，除长三角城市群在综合研发人员投入中的影响显著为负外，其他创新研发投入要素对人均 GDP 水平的提升均呈现显著为正的刺激效应或不显著的特征；而在间接效应与总效应的测算中，三大城市群除高技术产业研发人员要素投入显著为负外，其他创新研发要素投入对人均 GDP 水平提升均呈现正向刺激作用或不显著的结果，表明京津冀城市群、长三角城市群以及长江中游城市群在政策联系矩阵的作用下，创新要素投入对区域经济发展呈正向显著，政策指引下的创新要素集聚仍是推动京津冀城市群、长三角城市群以及长江中游城市群经济发展的核心动力。除了珠三角城市群以外，对于其他三大城市群在高技术产业研发要素投入上的空间溢出效应测算结果与样本城市群整体测算结果一致，其对城市群的空间溢出效应表现为负向抑制作用。要素投入此消彼长的现象表明，三大城市群在高技术产业研发人员上呈现资源政策性竞争效应，高技术产业人员的稀缺性仍是制约三大城市群经济发展的重要因素。

第二，基于地理邻近矩阵的分析结果发现：珠三角城市群在高技术产业研发经费与综合研发经费投入对经济发展水平的直接影响上均为负向不显著，这种异质性在空间溢出效应与总效应上表现出负向显著的特征，即珠三角城市群内部城市的两类研发经费投入，对其他地区的空间溢出效应与城市群总体效应表现为抑制作用。这表明，在考虑地理邻近因素的影响下，高技术产业研发经费、综合研发经费的投入对珠三角城市群的经济影响并不显著，对其他地区与城市群总体的经济发展水平为负向溢出效应。与之相对的是，珠三角城市群两类研发人员投入要素对人均 GDP 水平的提升作用均显著为正，且作用强度大于其他三大城市群，表明珠三角城市群在创新研发人员投入上具有重要优势，这在直接效应、间接效应以及总效应上均表现显著。长三角城市群在高技术产业研发人员投入、综合研发人员投入对人均 GDP 的直接效应上，呈现与其他城市群不同的特征，即两类研发人员要素投入对本地区经济发展呈现显著的负向抑制作用。同时，二者在间接效应上的表现为正向不显著，在对长三角城市群总效应的影响上呈现负向不显著的特征。这表明，在考虑地理邻近矩阵的条件下，长三角城市群两类研发人员要素投入对本地区经济的直接影响为负向抑制作用，对其他地区与城市群总体的空间溢出效应并不显著。在京津冀城市群与长江中游城市群考虑空间地理邻近矩阵的作用下，在创新要素投入对人均 GDP 的直接效应、间接效应与总效应的影响上，均表现为正向刺激作用，表明其经济效应与整体测算相一致，并无异质性特征。

第三，空间距离矩阵的分析结果表明：对于四大城市群创新要素投入的直接效应测算，与地理邻近矩阵的测算结果无显著差异。这表明，无论是地理邻近矩阵还是空间距离矩阵的空间关系，对于各城市群创新要素投入的直接作用具有一致性，其差异主要体现在间接效应与总效应上。在间接效应与总效应的测算上，空间距离矩阵测算结果的显著性水平不如地理邻近矩阵的测算结果。这表明，随着空间距离的增大，各城市群内部高技术产业研发要素及综合研发要素的联系整体趋于弱化，对人均 GDP 的影响逐渐不显著。但京津冀城市群高技术产业研发经费内部支出与综合研发经费内部支出的间接效应，以及长三角城市群高技术研发人员投入与综合研发人员投入的间接效应的测算表明，其作用强度及显著性水平均高于地理邻近矩阵的测算结果，呈现出不同的空间特征。

综上所述，基于分样本城市群的创新要素投入空间效应测度，发现各城市群在不同空间权重矩阵下的异质性特征及对应的效应强度，表明样本城市群内部，不同城市群之间存在相应的政策差异性及空间溢出特征，应在后续的创新型城市试点政策制定及要素投入中有所侧重。

第四节 本章小结

创新要素投入增加与创新型城市试点政策的实施，通过知识溢出效应驱动区域经济增长，符合技术内生性、知识外溢性以及政策引导性的基本条件，这正是创新型城市试点政策的建设逻辑，也是本书求证的基本思路。对创新要素投入导致知识溢出效应的准确识别，是合理制定创新政策并继续推进创新型城市试点政策的重要条件。在创新要素投入及技术进步推动经济增长的条件下，本章通过创新型城市试点政策形成的创新势能，构建创新型政策矩阵，将城市政策联系矩阵纳入空间经济模型中，并通过与地理邻近矩阵及空间距离矩阵的对比分析，探索政策指引的知识溢出效应与传统地理邻近增长机制的现实差异。结合实证分析结果，得出以下研究结论并提出相应政策建议。

本章研究结果表明以下五点。

（1）样本城市群的经济发展水平及创新要素投入呈现显著的空间相关性，且各变量在政策矩阵的测算下表现为不断增强的负向相关性。在空间距离矩阵与地理邻近矩阵下呈现出不断减弱的正向相关性，且地理邻近矩阵的相关性更强，而综合研发要素投入的相关性并不显著。这表明，创新要素投入在政策矩阵上表现为显著的负向相关性，在地理矩阵上呈现正向相关性，假设4-3得到了验证。这是进行后续空间效应分析的基础，也是本章稳健性检验与空间异质性分析的基础。

（2）创新研发要素通过城市空间联系，以及创新型城市形成的创新系统影响城市经济发展，政策联系、地理邻近以及空间距离是发挥空间溢出效应的重要渠道，创新要素投入的增加不仅对创新型城市的经济发展水平产生影响，也对非创新型城市的经济发展水平产生了空间溢出效应，假设4-4得到验证。创新研发要素在不同的空间矩阵下，表现出不同的溢出效应，表明三类空间作用机制存在显著差异。随着政策效应的不断凸显，空间距离在创新要素投入影响经济发展中的作用逐步削弱，要素投入的空间影响限于地理邻近区域。

（3）在三类空间矩阵的测算中，研发经费投入对本地区经济发展的直接效应均呈正向促进作用，高技术产业研发人员与综合研发人员是要素投入在不同矩阵下的主要差别。尤其是在高技术产业研发人员的空间溢出效应上，地理邻近矩阵与空间距离矩阵的结果印证该要素能够显著促进样本城市群整体经济发展，且能够对其他地区发挥积极的正向溢出效应。另外，政策矩阵的测算结果表明，高技术产业研发人员投入呈现显著的政策性竞争态势，虽然对本地区经济发展具有积极的空间溢出效应，但对其他地区经济发展的影响显著为负，且其对样本城市群的总效应显著为负，试点政策导向与高技术人才稀缺的现实矛盾亟待解决；同时，综合研发人员的过度投入导致资源错配问题，将会制约本地区经济发展。创新型城市试点政策的实施，能够通过政策联系与地理邻近两种作用路径，实现创新要素投入的知识溢出效应，对区域经济发展产生积极影响。

（4）通过稳健性检验发现，基于政策联系矩阵的效应测算仍然是显著且稳健的，而基于地理邻近矩阵与空间距离矩阵的测算则不再显著。这表明，如果从创新要素投入相对量的角度来看，即在考虑研发人员投入占比的情况下，那么，政策联系仍是推动创新要素知识溢出并影响区域经济发展的重要渠道，地理邻近因素的影响相对较弱，即政策联系效应与地理邻近效应的溢出方式相比于空间距离效应的溢出方式，能够使创新要素投入对经济发展的影响更加有效。

（5）基于分样本城市群的异质性分析表明，政策联系下的创新要素投入是推动京津冀城市群、长三角城市群以及长江中游城市群经济发展的重要驱动力，但尚不能对珠三角城市群经济增长产生显著影响。地理邻近因素能够使珠三角城市群研发人员投入对经济增长产生正向且显著的积极影响；在地理邻近因素的条件下，长三角城市群创新研发人员的投入对本地区经济发展呈现显著负向影响，表明长三角城市群创新研发人员投入过度集聚，制约了经济进一步发展；京津冀城市群与长江中游城市群表现出与总样本城市群相似的空间溢出特征。

以上研究结论对于强化创新型城市要素投入，完善创新型城市的建设与布局，以及如何通过政策联系驱动经济高质量发展具有重要的政策含义，主要包括以下四个方面。

第一，随着城市群以及都市圈的不断发展，城市不再是简单的独立个体，城市之间的空间联系日益强化，使得要素投入与产出不再局限于本区域的范畴。创新型城市试点政策的实施能够构建城市群的新型空间关系，并得到与地理邻近不同的空间相关性结果。在按照创新驱动战略制定创新型城市试点政策时，应当充分考虑城市群中各城市间的政策空间相关性，并结合对应的地理邻近溢出效应，制定合理有效的创新政策。

第二，创新驱动作为推动经济高质量发展的重要战略，创新型城市试点政策的实施能够通过政策途径有效地释放其空间溢出效应，并突破空间距离限制，呈现政策联系效应显著与地理邻近效应显著的双重特征。应当以政策支持谋划创新要素布局，并结合各城市群地理邻近溢出效应，实现政策联系效应与地理邻近效应联动，推动经济高质量发展。

第三，针对样本城市群内部由高技术人才稀缺性引发的创新人才投入的竞争性问题，以及综合研发人员政策投入效应为负或不显著的问题，应当强化高技术产业研发人员政策引进机制与综合研发人员筛选机制，构建具有针对性的高技术产业研发人员配给体系，构建由综合研发人员向高技术产业研发人才的流动体系，并结合地理邻近溢出效应，实现高技术产业研发人员与综合研发人员的正向集聚与城市经济的持续发展。

第四，在分样本城市群异质性分析中，应当强化对于珠三角城市群创新型城市的政策联系，以应对政策联系效应不显著的情况，避免研发经费过度投入导致对经济发展的负向影响，并与研发人员投入相匹配，更好地发挥珠三角城市群创新要素投入在地理邻近溢出效应上的积极效应。对于长三角城市群，应当在地理邻近溢出效应上弱化创新人才投入的负向影响，优化人才要素与资本要素配置比例，避免因资源错配而制约经济发展。

综上所述，本章基于创新型城市试点政策对中国四大城市群知识溢出效应的研究，通过构建政策联系矩阵、空间距离矩阵与地理邻近矩阵，形成对样本城市群的对比分析，发掘对应的空间溢出效应，并提出相应的建议。对于创新型城市试点政策的进一步推进，建议按照各城市群的不同发展阶段，合理设计政策引致机制，重视创新要素的配置比例，避免要素投入的资源错配问题；在强化政策联系的同时，考虑相应的地理邻近溢出效应，形成政策联系与地理邻近溢出的协同促进机制。

第七章　创新型城市试点政策对全要素
生产率与产业结构的影响

前述理论分析与实证检验表明，创新型城市试点政策的实施通过创新要素投入的增加产生了产业集聚效应与知识溢出效应，并结合政策设计的技术选择模式促进了城市生产性服务业产业集聚，但对于城市制造业产业集聚的促进作用并不显著。那么，创新型城市试点政策通过对城市产业集聚的刺激，能否促进城市全要素生产率提升与产业结构升级，本章将对此进行验证。

全要素生产率提升与产业结构升级是体现发达国家与发展中国家发展差异的重要方面，其转型升级的动力主要源于技术进步与国内主导产业变化两方面，产生的结构红利是产业结构升级推动经济增长的根本原因，即二者带来的产业生产率变化源于要素投入部门的变化（干春晖、郑若谷和余典范，2011）。创新型城市试点政策通过政策导向，将稀缺的研发创新要素配置到特定的创新型城市，提升知识密集型产业在城市经济中所占比例，通过产业集聚、知识溢出与产业结构升级的形式推动经济增长。本章以此为基本思路，验证创新型城市试点政策的实施能否对全要素生产率的提升以及产业结构升级产生积极影响。

第一节　全要素生产率测算与研究设计

一、全要素生产率测算

索洛（Solow，1957）在对经济增长的研究中，首次定义了全要素生产率的概念，并提出了对其准确量化的测算方法。随着全要素生产率核算方法的逐步演变，在城市层面对全要素生产率的测算主要有三种方法（余泳泽和张先轸，2015），分别是随机前沿分析法（SFA）、非参数数据包络分析法（DEA）与生产函数索洛余值法。非参数数据包络分析法虽然能够将全要素生产率分解为技术效率、规模效率以及技术进步等不同组成部分，但测算的全要素生产率并未涵盖非要素投入的制度因素，测算结果仅具有相对意义。

本书对于全要素生产率的测算结果为水平值的大小，而不是全要素生产率的增长率，以前沿生产函数的测算方法测算出的结果与本书的研究目的并不符合。对于全要素生产率的计算采用传统的生产函数索洛余值法，假定社会生产函数满足柯布－道格拉斯生产函数，即：

$$Y_{it} = A_{it} K_{it}^{\alpha} L_{it}^{1-\alpha} \qquad (7-1)$$

式（7-1）中的全要素生产率，即索洛剩余，表示为经济产出与要素投入的比值：

$$A_{it} = Y_{it} / (K_{it}^{\alpha} L_{it}^{1-\alpha}) \qquad (7-2)$$

在式（7-2）中，i 和 t 分别表示城市和年份。Y 表示经济总产出，以 2003 年不变价格（以省级消费者价格指数平减）的 GDP 衡量。K 和 L 分别表示资本投入和劳动投入，资本投入用 2003 年不变价格（以省级固定资产投资价格指数平减）的资本存量进行测算，劳动投入以单位从业人员期末人数与私营企业和个体从业人数之和表示。资本存量的估算方法使用永续盘存法，并假定期初资本存量为初始固定资产投资额的 10.0%。同时，参考张军、吴桂英和张吉鹏（2004）的研究成果，本书将固定资产折旧率设定为 9.6%。α 表示资本产出弹性，假定规模报酬不变，且考虑中国的实际情况并借鉴彭国华（2005）与李言、高波和雷红（2018）的研究，本书设定为 α = 0.4。

需要说明的是，本书研究的创新型城市试点政策涉及我国的 30 个省（区、市）59 个城市，而不同省（区、市）的不同城市相应的资本产出弹性与劳动力产出弹性存在差异，同时，生产函数索洛余值法中要求劳动报酬应当由一个完全竞争下的市场经济确定，这与现实情况不相符。有文献提出，相对比较合适的方法是采用统一的资本产出弹性替代各省（区、市）的资本产出弹性与劳动产出弹性（叶裕民，2002）。

二、模型构建

本章基于前述章节对创新型城市试点政策效应进行进一步验证，在模型构建上，延续第五章构建的渐近性双重差分模型，分别从城市全要素生产率提升与产业结构升级两个视角，进一步对创新型城市试点政策实施产生的经济效应进行测算，相应的模型如下：

$$\text{tfp}_{it} = \chi_0 + \chi_1 \text{policy}_{it} + \chi_2 \text{control}_{it} + \mu_{5,i} + \eta_{5,t} + \varepsilon_{5,it} \qquad (7-3)$$

$$\text{indus}_{it} = \varphi_0 + \varphi_1 \text{policy}_{it} + \varphi_2 \text{control}_{it} + \mu_{6,i} + \eta_{6,t} + \varepsilon_{6,it} \qquad (7-4)$$

在式（7-3）中，被解释变量 $Y_{it} = \text{tfp}_{it}$ 时，表示创新型城市试点政策对城市全要素生产率的影响，即对假设 4-5a 的验证；$Y_{it} = \text{indus}_{it}$ 表示对假设 4-6a 的验证，即创新型城市试点政策能否助推城市产业结构升级。等号右侧的 policy 表示创新型城市试点政策实施的虚拟变量，control 表示其他影响全要素生产率提升或产业结构升级的控制变量，鉴于产业集聚与全要素生产率提升和产业结构升级的影响因素略有不同，本章对相关的控制变量进行调整，具体的选择依据将在后续的变量选取中进行说明。χ 和 φ 表示解释变量系数和控制变量系数，$\mu_{5,i}$ 和 $\mu_{6,i}$ 表示城市固定效应，$\eta_{5,t}$ 和 $\eta_{6,t}$ 表示年份固定效应，$\varepsilon_{5,it}$ 和 $\varepsilon_{6,it}$ 表示随机误差项，i 与 t 表示第 i 城市第 t 年的情况。policy 系数的估计值是本章的重点，表示创新型城市试点政策实施对全要素生产率提升与产业结构升级的净效应，若其显著为正，则表示创新型城市试点政策有助于全要素生产率提升与产业结构升级。

三、变量选取与数据说明

本章的主要研究目的在于，以创新型城市试点政策的实施为准自然实验，测算试点政策对全要素生产率提升与产业结构升级的影响机制及效应强度。结合已发现的特征事实与相关的理论分析中各变量之间的影响关系，选取以下变量进行测度。

1. 被解释变量

产业结构升级的核心是生产要素在不同产业之间、不同产业部门之间的重新组合，其理论内涵包括产业比例关系的变化以及劳动力配置的改变（韩永辉、黄亮雄和王贤彬，2017），最终体现在产业产值的变动上。有文献从中国产业结构变动视角分析了产业高质量发展动力的转变，以产业产值占 GDP 之比进行衡量，并表示中国产业发展在产值结构上经历了三次跨越后，最终形成第三产业占据主导地位的结果，表明经济增长主要由第三产业的增长决定（陈昌兵，2018）。借鉴学术界对产业结构升级的普遍衡量标准（韩永辉、黄亮雄和王贤彬，2017；干春晖、郑若谷和余典范，2011；黄溶冰和胡运权，2006），选取第三产业增加值与第二产业增加值之比，作为衡量创新型城市试点政策推动产业结构升级的解释变量。

随着技术进步对中国经济发展的贡献作用日益凸显，经济增长方式逐步转变为依靠创新驱动发展的态势不断显现。创新型城市试点政策通过引致创新要素投入增加的方式，实现了产业集聚与知识溢出，创新型城市试点政策对全要素生产率的影响效应值得研究。结合前述理论分析，本章引入全要素生产率作为测算创新型城市试点政策效应的另一个衡量视角。[1]

2. 核心解释变量

是否实施创新型城市试点政策作为本章的核心解释变量，以是否为创新型城市与试点政策实施时间节点两个虚拟变量的交乘项进行测算，即 policy = du × dt。创新型城市样本的设定与政策时间的设定与第五章的设定相同，即处理组共包含 59 个创新型城市，其余 224 个城市为对

---

[1]　加入创新型城市试点政策实施对全要素生产率的影响，使得对试点政策所产生的经济效应衡量更加准确，感谢评审专家提出的宝贵建议。

照组样本。若某城市在 t 年被批复为创新型城市，则该城市 t 年及之后年份的 policy 取值为 1，其余情形均取值为 0。

3. 控制变量

结合前述理论分析及政策指标内容，经济发展、金融规模、教育水平，以及基础设施等为城市全要素生产率提升与产业结构升级提供了优越的创新环境。创新政策外溢引致的外商直接投资增加、人口密度增加与国际贸易结构改善，均强化了城市的技术创新水平与产业结构升级。参考陈浩和魏哲海（2016）、易信和刘凤良（2015）、袁航和朱承亮（2018）的做法，下面选取若干代表城市特征并影响城市技术创新与产业结构的控制变量。

①经济发展水平（pgdp），用人均 GDP 的对数形式表示；②金融发展规模（finance），用存款余额与贷款余额的总和占 GDP 的比重测算；③人力资本（human），以每万人大学生数（人）表示；④基础设施建设（infra），用人均道路面积（平方米）表示；⑤外商直接投资（fdi），用外商直接投资占 GDP 的比重表示；⑥人口密度情况（density），以城区人口密度的对数测算；⑦国际贸易水平（trade），以进出口总额占 GDP 的比重测算。

根据前述变量设定情况，选取 2004～2018 年《中国城市统计年鉴》的相关数据，以 2003～2017 年中国 283 个城市为研究样本，考察创新型城市试点政策对全要素生产率提升与产业结构升级的影响效应。数据选取方式及数据处理方法与第五章的变量数据处理一致，变量说明与描述性统计结果，如表 7－1 所示。

表 7－1　　　　　　　　变量说明与描述性统计结果

变量类型	变量符号	变量含义	样本量（个）	均值	标准差	最小值	最大值
被解释变量	tfp	全要素生产率	4245	3.9130	4.0251	0.0820	51.3929
	indus	产业结构升级	4245	0.8540	0.4857	0.0943	13.4774

变量类型	变量符号	变量含义	样本量（个）	均值	标准差	最小值	最大值
核心解释变量	policy	虚拟变量交乘项	4245	0.1018	0.3024	0.0000	1.0000
控制变量	pgdp	经济发展水平	4245	10.1253	0.8229	7.5454	13.0557
	finance	金融发展规模	4245	2.0918	1.0388	0.4382	12.5101
	human	人力资本	4245	155.3038	215.5023	0.0000	1311.2407
	infra	基础设施建设	4245	3.9875	5.5352	0.0832	73.0424
	fdi	外商直接投资	4245	0.0200	0.0224	0.0000	0.3759
	density	人口密度情况	4245	5.7274	0.9091	1.5475	7.8521
	trade	国际贸易水平	4245	0.2067	0.3804	0.0000	4.6236

资料来源：笔者根据2004～2018年《中国城市统计年鉴》的相关数据运用Stata14.0软件计算整理而得。

第二节　实证分析与内生性讨论

一、创新型城市试点政策的效应测算

产业结构升级是体现发达国家与发展中国家发展差异的重要方面，其动力主要源于技术进步与国内主导产业变化两方面，这两方面产生的结构红利是产业结构升级推动经济增长的根本原因，即二者带来的产业生产率的变化源于要素投入部门的变化（干春晖、郑若谷和余典范，2011）。创新型城市建设通过政策导向，将稀缺的研发创新要素配置到特定的创新型城市，提升知识密集型服务业在城市经济中的占比，通过产业结构升级推动经济增长。

前述研究验证了创新型城市试点政策通过创新要素投入增加促进创新型城市的产业集聚，本章继续对试点政策促进城市全要素生产率提升与产业结构升级所产生的经济效应进行验证，创新型城市试点政策的经济效应，如表7-2所示。其中，模型1代表不考虑任何控制变量的估计结果，模型2代表控制了城市特征变量后的估计结果。

表7-2　　　　　　　　　创新型城市试点政策的经济效应

变量	全要素生产率		产业结构升级	
	模型1	模型2	模型1	模型2
policy	2.4800 ***	2.1376 ***	0.1992 ***	0.0986 ***
	(15.3280)	(12.6308)	(8.9536)	(4.3207)
pgdp		-0.3355		-0.4232 ***
		(-1.3986)		(-13.0857)
finance		-0.5009 ***		0.0489 ***
		(-5.4797)		(3.9721)
human		0.0005		0.0004 ***
		(0.7186)		(5.0032)
infra		-0.0571 ***		-0.0043 *
		(-2.9657)		(-1.6513)
fdi		-3.9623		-0.9470 ***
		(-1.5956)		(-2.8287)
density		4.9080 ***		0.1322
		(5.7333)		(1.1456)
trade		-2.6728 ***		-0.1439 ***
		(-9.5480)		(-3.8141)
constant	2.1502 ***	-20.8036 ***	0.8637 ***	3.8992 ***
	(16.8372)	(-3.9863)	(49.1956)	(5.5419)
城市固定效应	是	是	是	是
年份固定效应	是	是	是	是
N	4245	4245	4245	4245
R^2	0.2043	0.2463	0.1370	0.2138

注：*** 和 * 分别表示在1%和10%的水平上显著。

资料来源：笔者根据2004~2018年《中国城市统计年鉴》的相关数据运用Stata14.0软件计算整理而得。

在表7-2中，分别从全要素生产率提升与产业结构升级两个视角，衡量了创新型城市试点政策的微观经济效应与宏观经济效应。基准回归估计结果表明，无论以城市全要素生产率提升还是城市产业结构升级衡量的效应结果都表明，创新型城市试点政策对全要素生产率提升与产业结构升级均产生了积极的促进作用，且创新型城市试点政策对全要素生产率提升的政策作用效果要强于产业结构升级的政策作用效果，无论从政策效应的绝对强度还是相对强度来看，试点政策的实施均有助于全要素生产率提升及产业结构升级，这与本书的初始预期相一致，假设4-5a与假设4-6a得到验证，即创新型城市试点政策的实施能够对城市全要素生产率提升及产业结构升级产生积极的促进作用。

具体来讲，从创新型城市试点政策对城市全要素生产率的影响来看，在未加入其他控制变量的条件下，创新型城市试点政策的实施对全要素生产率提升的作用强度为2.4800个单位，相当于全要素生产率均值（表7-1中的3.9130）的63.38%，且在1%的水平上显著。在加入控制变量后，模型的拟合效果进一步提升，政策作用强度在1%的显著性水平上为2.1376个单位，相当于全要素生产率均值水平（3.9130）的54.63%。这表明，创新型城市试点政策能够形成对全要素生产率的正向刺激且强度较大，即创新型城市试点政策的实施，实现了对城市全要素生产率的积极影响。

在创新型城市试点政策对城市产业结构升级的影响上从未加入其他控制变量的估计结果来看，创新型城市试点政策的实施能够对城市产业结构升级产生0.1992个单位的积极影响，相当于产业结构升级均值（表7-1中0.8540）的23.33%，且在1%的水平上显著。在控制了城市特征变量后，模型的估计效果得到了一定程度的提升，但相应的政策对产业结构升级的影响强度由0.1992个单位降为0.0986个单位，相当于产业结构升级均值水平（0.8540）的11.55%，在1%的水平上显著。

作为创新驱动发展战略的具体实践，创新型城市试点政策的实施通过构建有利于创新发生的制度环境、技术环境与产业环境，加大对研发人员、研发资金等研发创新要素的投入，为社会创新活动提供了强有力的技术支撑，通过要素投入增加，提升城市要素资源禀赋，引致生产性服务业产业集聚进而提升城市创新水平，推动城市产业结构升级。由此可见，创新型城市试点政策能够显著促进城市产业结构升级，但相应的政策作用强度小于对全要素生产率的刺激。

在模型 2 测算的控制变量对全要素生产率提升与产业结构升级的影响上，经济发展水平、基础设施建设、外商直接投资与国际贸易水平对全要素生产率提升与产业结构升级均表现为负向影响，且对于产业结构的影响都是显著的，而经济发展水平与外商直接投资对全要素生产率提升的影响并不显著。金融发展规模对全要素生产率提升与产业结构升级的影响并不相同，且都在 1% 的水平上显著。人力资本与人口密度情况对全要素生产率提升与产业结构升级均有正向的促进作用，但显著性水平及影响强度不同。由此可见，各控制变量对全要素生产率提升与城市产业结构升级具有不同的影响作用，需要对各变量影响的经济含义进行进一步阐释。

第一，经济发展水平与外商直接投资对全要素生产率的影响分别为 - 0. 3355 个单位与 - 3. 9623 个单位，但并不显著，而对于产业结构升级的影响分别为 - 0. 4232 个单位与 - 0. 9470 个单位，且在 1% 的水平上显著，表明中国经济发展水平与外商直接投资对全要素生产率提升与产业结构升级的影响均为负向作用，且对于产业结构升级的影响更加显著，未来在创新型城市试点政策实施中，应当强化城市经济发展水平与外商直接投资的促进作用，使其对全要素生产率提升与产业结构升级具有积极意义。

第二，在人力资本与人口密度情况的影响上，二者对全要素生产率提升与产业结构升级均有正向促进作用，其中，人力资本对产业结构升级的促进作用显著为 0. 0004 个单位，人口密度情况对全要素生产率提升的促进作用显著为 4. 9080 个单位，表明人口密度情况对全要素生产率提升具有更强的促进作用，而人力资本的边际贡献较小。在未来的政策体系构建中，应当兼顾人口规模的"量"与人力资本的"质"，并逐步将人口规模优势转变为人力资本优势。

第三，基础设施建设与国际贸易水平对全要素生产率提升与产业结构升级均具有负向显著的抑制作用，其中，基础设施建设的影响分别为－0.0571个单位与－0.0043个单位，国际贸易水平的影响分别为－2.6728个单位与－0.1439个单位，表明中国的基础设施建设与国际贸易水平并没有对全要素生产率提升与产业结构升级产生积极的促进作用，在后续的创新型城市试点政策及其他相关政策措施中，应当继续改善基础设施建设与国际贸易水平，实现对全要素生产率提升与产业结构升级的正向作用。

第四，金融发展规模对全要素生产率提升与产业结构升级的影响分别为－0.5009个单位与0.0489个单位，且均在1%的水平上显著，表明中国的金融发展规模对于全要素生产率水平提升表现为负向抑制作用，却有助于产业结构升级。本章认为原因在于，在产业结构升级过程中，更多地依赖金融支持，金融发展规模对产业结构升级具有积极影响。在对全要素生产率提升的影响上，金融发展具有规避风险的特征，而技术创新引致的全要素生产率提升可能经历创新失败的风险，因此，金融发展规模偏向于抑制全要素生产率提升。

二、逆向因果关系排除

正如在产业集聚中所排除的情况一样，要避免创新型城市试点政策的实施与因变量之间的逆向因果关系。在此需要排除的情况是，存在全要素生产率水平较高或者产业结构升级较快的城市被选为创新型城市的可能，这将直接影响本书对创新型城市试点政策效应的判断。借鉴沈坤荣和金刚（2018）的研究，本书设定检验模型，对创新型城市试点政策和全要素生产率提升与产业结构升级可能存在的逆向因果关系进行排除，见式（7－5）、式（7－6）：

$$\text{policy\_year}_i = \alpha_0 + \alpha_1 \text{tfp}_i + \alpha_2 \text{control}_i + \varepsilon_{1,i} \qquad (7-5)$$

$$\text{policy\_year}_i = \alpha_0 + \alpha_1 \text{indus}_i + \alpha_2 \text{control}_i + \varepsilon_{2,i} \qquad (7-6)$$

在式（7－5）、式（7－6）中，policy_year_i表示城市i被设立为创新型城市的年份，i为城市变量，tfp_i和indus_i分别表示城市i的全要素生产率水平与产业结构水平，α_1 表示这两个变量对创新型城市设定年份的影响程度，$\varepsilon_{1,i}$、$\varepsilon_{2,i}$ 表示随机误差项，$control_i$ 表示基准模型中的控制变量。

本章进行逆向因果检验的基本思路是，如果城市的全要素生产率水平与产业结构水平会影响创新型城市试点政策在哪个年份、哪个城市批复，那么，这个城市的全要素生产率水平与产业结构水平对试点政策实施年份的回归系数应该是显著的。考虑到变量 policy_year$_i$ 并不随时间变化，本章选取 2003 年与 2007 年的样本城市作为检验，对上述模型的估计均采用横截面数据进行处理，逆向因果关系排除结果，如表 7 − 3 所示。

表 7 − 3 逆向因果关系排除结果

变量	2003 年		2007 年	
	模型 1	模型 2	模型 1	模型 2
tfp	− 0. 0766		− 0. 0440	
	(− 0. 9531)		(− 0. 9194)	
indus		0. 1242		0. 3088
		(0. 1655)		(0. 5611)
constant	2. 0e + 03 ***	2. 0e + 03 ***	2. 0e + 03 ***	2. 0e + 03 ***
	(374. 4484)	(408. 1217)	(347. 7339)	(376. 5822)
控制变量	是	是	是	是
N	59	59	59	59
R^2	0. 3191	0. 3071	0. 3303	0. 3233

注：*** 表示在 1% 的水平上显著。

资料来源：笔者根据 2004 ~ 2018 年《中国城市统计年鉴》的相关数据运用 Stata14.0 软件计算整理而得。

双重差分模型作为政策效应评价中常用的识别方法，对于模型有效性的分析，除了排除逆向因果关系之外，还包括政策发生之前对创新型城市与非创新型城市之间平行趋势的检验。本章的检验结果发现，虽然在前述产业集聚的分析中，创新型城市试点政策的模型构建满足了平行趋势假设，但在政策影响产业结构分析中，模型的估计系数在两组样本间并未通过平行趋势检验。本书参考相关文献发现，这一结果的原因在于中国城市间产业结构发展不平衡，导致各城市均将技术创新驱动产业结构转型作为城市发展的目标之一，虽然创新型城市试点政策在产业集聚分析中满足外生性政策冲击的假设，但在城市产业结构模型构建中，这一政策可能具有一定内生性。在通常情况下，工具变量法被认为是解决内生性最稳健的检验方式，因此，本章通过引入工具变量解决这一问题。

三、工具变量估计与内生性检验

一个良好的工具变量需要满足与残差项不相关的外生性以及与内生变量高度的相关性。具体来看，本章选取的工具变量应当满足与创新型城市试点政策高度相关，而与城市的全要素生产率水平与产业结构水平不相关。前述有关产业集聚的研究表明，从历史事实中选取工具变量是较为可行的方法，因而，继续选取城市中华老字号企业数量与上一年全国研发经费支出的交互项，作为创新型城市试点政策实施的替代变量，进行工具变量分析。其中，城市中华老字号企业数量来源于商务部网站公布的《中华老字号名录》，具体通过将中华老字号企业的发源地对应到相应的城市获得，全国研发经费支出数据来源于《中国统计年鉴》。依据上述工具变量的选择方式对工具变量进行回归，工具变量估计结果，如表7-4所示。

表7-4　　　　　　　　　　工具变量估计结果

被解释变量	第一阶段	第二阶段	
		全要素生产率	产业结构升级
	模型1	模型2	模型3
工具变量	6.22e-06 *** (7.5273)		
policy		10.4728 *** (7.3163)	0.6344 *** (6.2987)
constant	-1.6736 *** (-2.5809)	-6.4734 (-0.8027)	6.4007 *** (5.8631)
RKF检验	56.6600		

续表

被解释变量	第一阶段	第二阶段	
		全要素生产率	产业结构升级
	模型1	模型2	模型3
DWH		224.9090 （p = 0.0000）	48.9723 （p = 0.0000）
控制变量	是	是	是
城市固定效应	是	是	是
年份固定效应	是	是	是
N	4245	4245	4245
R^2	0.6377	0.5945	0.6430

注：*** 表示在1%的水平上显著。

资料来源：笔者根据2004～2018年《中国城市统计年鉴》的相关数据运用Stata14.0软件计算整理而得。

由表7-4中的工具变量估计结果可以发现，内生性分析第一阶段估计中的RKF检验统计量为56.6600，远大于10%的临界值水平，表明通过城市中华老字号企业数量与上一年全国研发经费支出的交互项构造的工具变量，并不是弱的工具变量，因而，本章对于工具变量的选取是有效的。与此同时，工具变量的估计系数在1%的水平上显著为正，说明构造的工具变量和创新型城市试点政策之间高度相关，因此，继续进行第二阶段的回归估计。第二阶段的回归估计结果显示，创新型城市试点政策对城市全要素生产率的影响为10.4728个单位，在1%的水平上正向显著对城市产业结构升级的影响为0.6344个单位，在1%的水平上正向显著且前者的估计系数明显大于后者，即使相对于全要素生产率的均值（3.9130）与产业结构升级的均值（0.8540）来看，创新型城市试点政策对全要素生产率提升的促进作用都是较强的。这表明，创新型城市试点政策的实施能够显著提高城市全要素生产率水平，并促进城市产业结构升级，与本章的核心结论一致。综合来看，工具变量的估计结果表明，在考虑了创新型城市试点政策的内生性之后，基准回归结果仍然稳健。

第三节　创新型城市试点政策的作用机制验证

前述实证分析及内生性检验表明，创新型城市试点政策能够有效地促进全要素生产率提升与产业结构升级，但相应的政策作用机制尚未得到验证。创新型城市试点政策构建的技术选择体系引发了产业生产方式变革，通过促进相关产业集聚发展，实现产业间的技术创新外溢，促进城市产业由粗放型数量增长模式向高技术集约型增长模式转变，并以此为创新机制，最终实现城市全要素生产率提升与产业结构升级。

创新型城市试点政策的实施通过政策引致创新要素投入增加，提升了城市要素资源禀赋水平，通过政策性技术选择推动相关产业集聚，并最终实现城市全要素生产率提升与产业结构升级。第五章与第六章的研究证实了创新型城市的产业集聚效应与知识溢出效应，本章将在此基础上，对产业集聚推动全要素生产率提升与产业结构升级的作用机制进行验证。

一、产业集聚对全要素生产率提升的影响

本节需要验证的是，制造业产业集聚与生产性服务业产业集聚对全要素生产率提升的影响。在具体的检验方法与模型设定上，运用本章第二节对创新型城市试点政策影响全要素生产率提升的模型设定，将核心解释变量分别变为制造业产业集聚区位熵与生产性服务业产业集聚区位熵，以此判定不同的产业集聚类型对全要素生产率提升的影响效果。相应的验证模型如下：

$$\text{tfp}_{it} = \psi_0 + \psi_1 \text{Yagg}_{it} + \psi_2 \text{control}_{it} + \mu_{7,i} + \eta_{7,t} + \varepsilon_{7,it} \qquad (7-7)$$

在式（7-7）中，tfp_{it}表示城市全要素生产率水平，当$\text{Yagg}_{it} = \text{man\_agg}_{it}$时，表示制造业产业集聚区位熵；当$\text{Yagg}_{it} = \text{ser\_agg}_{it}$时，表示生产性服务业产业集聚区位熵。控制变量的选取与本章第二节的选取方式

相同，分别包括经济发展水平、金融发展规模、人力资本、外商直接投资、基础设施建设、人口密度情况与国际贸易水平。对产业集聚影响全要素生产率提升的情况进行测算，产业集聚对全要素生产率的影响分析结果，如表7－5所示。

表7－5 产业集聚对全要素生产率的影响分析结果

变量	全要素生产率			
	模型1	模型2	模型1	模型2
man_agg	0.5749 ***	0.5570 ***		
	(10.0326)	(10.4937)		
ser_agg			0.5519 ***	0.5369 ***
			(6.5599)	(6.4935)
constant	0.9995 ***	－11.2507	1.1325 ***	－17.8036
	(5.9081)	(－1.4168)	(5.2883)	(－1.6282)
控制变量	否	是	否	是
城市固定效应	是	是	是	是
年份固定效应	是	是	是	是
N	4245	4245	4245	4245
R^2	0.5337	0.5633	0.5502	0.5783

注：*** 表示在10%的水平上显著。
资料来源：笔者根据2004～2018年《中国城市统计年鉴》的相关数据运用Stata14.0软件计算整理而得。

在表7－5中，模型1表示不考虑控制变量对全要素生产率的影响，模型2表示纳入控制变量的回归模型。由回归结果可以看出，无论是否考虑控制变量的影响，制造业产业集聚与生产性服务业产业集聚均显著促进了城市全要素生产率水平的提升，且在1%的水平上显著。这一估计结果验证了假设4－5b，即创新型城市试点政策通过促进产业集聚实现全要素生产率提升。

具体来看，在仅考虑产业集聚对全要素生产率提升的作用下，制造业产业集聚与生产性服务业产业集聚对全要素生产率的作用分别为0.5749个单位和0.5519个单位，等价于全要素生产率均值（3.9130）

的 14.69% 与 14.10%。将控制变量纳入回归模型中可以发现，模型的拟合结果得到了一定提升，相应的制造业产业集聚与生产性服务业产业集聚对全要素生产率的影响分别变为 0.5570 个单位与 0.5369 个单位，相当于全要素生产率均值的（3.9130）的 14.23% 与 13.72%。这表明，产业集聚能够对中国的全要素生产率提升产生积极影响，同时，制造业产业集聚对全要素生产率的提升作用略强于生产性服务业产业集聚的促进作用。

二、产业集聚对产业结构升级的影响

在验证了产业集聚对全要素生产率提升的促进作用后，需要验证制造业产业集聚与生产性服务业产业集聚对产业结构升级的影响。相应的检验方法与模型设定，运用本章第二节对创新型城市试点政策影响产业结构升级的模型设定，同时，将核心解释变量分别变为制造业产业集聚区位熵与生产性服务业产业集聚区位熵，判定不同的产业集聚类型对产业结构升级的影响作用。相应的验证模型如下：

$$\text{indus}_{it} = \rho_0 + \rho_1 \text{Yagg}_{it} + \rho_2 \text{control}_{it} + \mu_{8,i} + \eta_{8,t} + \varepsilon_{8,it} \quad (7-8)$$

在式（7-8）中，indus_{it} 表示城市产业结构升级水平，Yagg_{it} 分别表示对制造业产业集聚区位熵的测算结果和对生产性服务业产业集聚区位熵的测算结果。控制变量包括经济发展水平、金融发展规模、人力资本、外商直接投资水平、基础设施建设、人口密度情况与国际贸易水平，其他变量的含义与式（7-7）相同。产业集聚对产业结构升级的影响分析结果，如表 7-6 所示。

表 7-6　　　　产业集聚对产业结构升级的影响分析结果

变量	产业结构升级			
	模型 1	模型 2	模型 1	模型 2
man_agg	0.0012	-0.0015		
	(0.6252)	(-0.8337)		

变量	产业结构升级			
	模型1	模型2	模型1	模型2
ser_agg			0.0088 ***	0.0059 ***
			(5.0844)	(3.5243)
constant	0.8614 ***	3.8308 ***	0.8475 ***	3.9009 ***
	(47.5536)	(5.4270)	(47.1833)	(5.5396)
控制变量	否	是	否	是
城市固定效应	是	是	是	是
年份固定效应	是	是	是	是
N	4245	4245	4245	4245
R²	0.1195	0.2102	0.1252	0.2126

注：*** 表示在1%的水平上显著。

资料来源：笔者根据2004~2018年《中国城市统计年鉴》的相关数据运用Stata14.0软件计算整理而得。

在表7-6中，模型1与模型2分别表示不考虑控制变量与考虑控制变量对产业结构升级的影响结果。由模型的估计结果可以看出，无论是否考虑控制变量的影响，制造业产业集聚对产业结构升级的影响均不显著，且呈现正负两种影响，表明制造业产业集聚对产业结构升级并无显著作用。与之相对，生产性服务业产业集聚均显著促进了城市产业结构升级，且在1%的水平上显著。这一估计结果使得假设4-6b得到了验证，即创新型城市试点政策引致的生产性服务业产业集聚，是试点政策推进城市产业结构升级的重要途径。

具体来看，在仅考虑制造业产业集聚对产业结构升级的影响条件下，其对产业结构升级的影响为0.0012个单位，当考虑控制变量的影响时，其对产业结构升级的影响为-0.0015个单位，且均不显著。这表明，制造业产业集聚并不会对城市产业结构升级产生积极影响，从而在一定程度上印证了创新型城市试点政策并不会对制造业产业集聚产生显著影响的结论，即试点政策具有"重服务，轻制造"的产业集聚导向。

另外，在仅考虑生产性服务业产业集聚对产业结构升级的影响下，其影响为 0.0088 个单位，相当于产业结构均值（0.8540）的 1.03%。在同时考虑控制变量的影响下，生产性服务业产业集聚对产业结构升级的影响为 0.0059 个单位，相当于产业结构均值（0.8540）的 0.69%。这表明，生产性服务业产业集聚能够对中国城市的产业结构升级产生积极影响，印证了创新型城市试点政策对产业结构升级的作用，源于生产性服务业产业集聚的影响。

第四节　本章小结

本章基于 2003 ~ 2017 年 283 个地级及以上城市的面板数据，在创新型城市试点政策实施引致的技术选择产生了偏向性产业集聚的条件下，通过构建双重差分模型并结合工具变量分析方法，实证检验了创新型城市试点政策对城市全要素生产率提升与产业结构升级的政策效应，并对城市产业集聚作为试点政策的作用途径，促进全要素生产率提升与产业结构升级的作用机制进行了检验，回答了第四章提出的理论假设。在构建现代经济体系以及供给侧结构性改革与高质量发展的大背景下，创新型城市试点政策已经成为中国推动城市创新发展与产业结构升级的"点睛之笔"，并将通过创新要素投入的产业集聚与知识溢出，持续释放积极的经济效应。本章的研究结果表明以下三点。

第一，创新型城市试点政策的实施，能够对城市全要素生产率提升与产业结构升级产生积极的促进作用，对于城市全要素生产率提升的促进作用更强。这表明，创新型城市试点政策具有良好的政策指标体系，通过试点政策的实施产生了积极的经济效应，验证了假设 4 – 5a 与假设 4 – 6a。

第二，排除了创新型城市试点政策与产业结构升级的逆向因果关系，并通过选取中华老字号作为创新型城市试点政策的工具变量，排除了模型构建的内生性问题。

第三，基于创新型城市试点政策引致产业集聚的机制分析表明，制造业产业集聚与生产性服务业产业集聚对于城市全要素生产率提升具有正向显著的促进作用，表明试点政策引致的产业集聚，能够有效推进城市全要素生产率提升，验证了假设 4－5b。

在产业集聚对产业结构升级的影响上，只有生产性服务业产业集聚能够促进城市产业结构升级，而制造业产业集聚的促进作用并不显著，验证了假设 4－6b。这一结果，证明了创新型城市试点政策推动全要素生产率提升与产业结构升级的现实路径，源于创新型城市试点政策通过创新要素投入增加产生的产业集聚效应，表明政策设定是合理有效的。

本章研究发现，对于实施新一轮创新型城市试点政策，推进创新型城市发展具有较强的现实意义与政策参考价值。为进一步优化创新型城市试点政策，激发创新型城市对产业集聚、全要素生产率提升与产业结构升级的促进作用，本章提出以下建议。

在全国层面，继续推进创新型城市试点政策，通过构建有助于城市创新发展的制度环境、法律环境与产业环境，加大试点政策对科技人员、研发经费等研发创新要素的投入强度，为社会创新活动提供强有力的创新政策支撑。在政策实施上，充分挖掘创新潜力，激发创新动能，促进城市创新要素持续涌流，城市创新环境不断优化，实现对全要素生产率提升与产业结构升级的正向促进作用。另外，充分利用创新型城市试点政策通过创新要素投入增加产生知识溢出效应的创新路径，结合试点政策技术选择所推进的产业集聚发展，共同推进城市全要素生产率水平提升与产业结构升级。

第八章　研究结论与建议

第一节　研究结论

本书基于创新型城市试点政策，从试点政策导向的创新要素投入增加所产生的产业集聚效应出发，论证了在政策性技术选择框架下，城市制造业产业集聚与生产性服务业产业集聚呈现"重服务，轻制造"的产业集聚倾向，对城市全要素生产率提升与产业结构升级产生了积极影响。除了上述主要研究贡献外，本书还梳理了创新型城市试点政策的发展历程，并对创新型城市发展过程中创新型城市分布特征、创新要素投入特征、产业集聚特征与产业结构特征进行了识别。结合文献综述与理论基础，本书进一步补充完善了创新型城市的理论体系，并在后续的实证分析中根据理论假设的需要，构建了相应的政策分析框架，对创新型城市试点政策的产业集聚效应、空间溢出效应、全要素生产率提升与产业结构升级进行了检验。本书的主要结论包括以下六个方面。

第一，创新型城市试点政策的实施，具有显著的偏向性产业集聚特征与知识溢出效应。通过创新要素投入增加与创新型城市试点政策实施，创新型城市的生产性服务业产业集聚水平得到了提升，并对周边城市与非创新型城市产生积极的知识溢出效应，相应的全要素生产率提升，产业结构不断升级。结合创新型城市的相关研究可以发现，落实创新型城市试点政策的重要途径，在于通过产业集聚实现创新型城市由微观的要素投入向宏观的结构转型与经济发展的转变，通过产业集聚形成对知识溢出的有效刺激，结合政策性技术选择模式推动产业结构升级。

第二，创新型城市试点政策实施与城市产业发展的特征事实表明，在中国人口红利逐渐消退与创新要素投入不断增加的现实背景下，创新驱动成为中国经济实现高质量发展的必然选择，而创新型城市建设成为创新驱动发展的政策实践。创新型城市试点政策的实施使得创新要素投入呈现出空间集聚的分布特征，同时，在制造业产业集聚与生产性服务业产业集聚以及产业协同集聚上，创新型城市与非创新型城市呈现出不同的产业集聚倾向。本书论证了这种不同的产业集聚倾向与创新型城市试点政策的实施具有重要关系，并通过实证分析予以验证。

第三，创新型城市试点政策实施的理论机制在于，凭借增加创新型城市创新要素投入水平，利用创新型城市布局与创新要素投入的空间相关性，实现创新型城市的发展，同时，依靠试点政策的空间作用机制，推进非创新型城市的经济增长。通过要素资源禀赋提升与政策性技术选择，创新型城市试点政策促进了城市制造业产业集聚与生产性服务业产业集聚。结合目前创新型城市试点政策的偏向性技术选择模式，本书认为，试点政策将会产生"重服务，轻制造"的产业集聚倾向，并对产业协同集聚产生抑制作用。创新型城市试点政策的实施除了对城市产业集聚具有重要影响外，也通过示范效应、虹吸效应与协同效应对周边城市及非创新型城市产生了空间知识溢出。创新型城市试点政策通过产业集聚，对城市全要素生产率提升与产业结构升级也产生了重要作用，因此，在实证分析中予以验证。

第四，创新要素投入增加提升了要素资源禀赋水平，使得创新型城市试点政策能够对城市制造业产业集聚与生产性服务业产业集聚产生重要影响。基于 283 个城市样本与双重差分模型分析，本书发现，创新型城市试点政策对城市产业集聚的发展表现为"重服务，轻制造"的政策导向。这种偏向性产业集聚倾向虽然不利于产业协同集聚的发展，但是，试点政策推动生产性服务业优先集聚，并在生产性服务业产业集聚水平超过制造业产业集聚水平的情况下，试点政策将实现对制造业产集聚的积极影响，这在第五章中的城市异质性分析中得到了验证。除此之外，创新型城市试点政策对于中国东部地区的城市、大规模城市以及高等级城市产业集聚的影响同样表现为"重服务，轻制造"的政策导向，对于低等级城市、制造业产业集聚水平较高的城市以及小规模城市产业集聚的作用，表现为不显著或者不利于产业集聚的政策特征。创新型城市试点政策对于中国中西部城市产业集聚的影响表现为，既推进了生产性服务业产业集聚，又促进了制造业产业集聚，这表明未来应当在中西部地区继续实施创新型城市试点政策。

第五，基于对四大城市群创新要素投入与经济发展的空间相关性分析，以及空间杜宾模型与创新势能矩阵的构建，验证了长三角城市群、京津冀城市群、珠三角城市群与长江中游城市群，在创新型城市试点政策的作用下，对其他城市的政策性溢出效应与地理邻近性溢出效应。比较这两种主要的知识溢出渠道，发现研发经费投入对本地区与其他地区的经济增长均有显著的正向刺激作用，无论是综合研发经费内部支出还是高技术产业研发经费内部支出，均产生了积极的知识溢出效应。高技术产业研发人员与综合研发人员成为要素投入在不同溢出途径下的主要差别。其中，高技术产业研发人员的稀缺性导致区域投入之间具有竞争效应，而综合研发人员则表现为过度投入导致的资源错配特征。

第六，创新型城市试点政策的实施对城市全要素生产率提升与产业结构升级，均具有积极的促进作用，且对于全要素生产率提升的作用更强。产业集聚作为创新型城市试点政策实施，促进全要素生产率提升与产业结构升级的重要渠道，能够实现对二者的促进作用。与此同时，制造业产业集聚与生产性服务业产业集聚均能够实现对全要素生产率提升的积极影响，而在产业结构升级上，只有生产性服务业产业集聚表现为正向的促进作用。本书结合创新型城市试点政策对产业集聚的影响特征，进一步判断其对全要素生产率提升与产业结构升级的影响结果。

第二节　建议与研究展望

在创新驱动发展的时代背景下，创新型城市试点政策的实施已不仅限于解决城市发展问题，在建设创新型国家与区域一体化发展层面，也需要创新型城市的推进作用，以实现由微观创新要素投入宏观创新系统构建的重要转变。创新型城市试点政策实施通过创新要素投入增加所产生的产业集聚效应，是推进全要素生产率提升与产业结构升级的重要渠道。而偏向性技术选择的政策设计与对产业协同集聚的抑制作用，以及创新型城市试点政策实施在城市异质性上的特征，将是未来优化创新型城市建设模式，改进试点政策实施方式，健全政策指标评价体系的重要方面。根据本书的理论分析与实证检验结果，针对创新型城市试点政策的实际情况，提出相应的建议，主要包括以下四个方面。

第一，考虑到创新型城市试点政策在产业集聚、知识溢出、全要素生产率提升与产业结构升级上的经济效应，本书认为，应当以试点政策实施为重要举措，优先提升城市生产性服务业产业集聚，并在此基础上推进制造业产业集聚。推进创新型城市试点政策的实施，在中国中西部地区设立更多的创新型城市，形成中西部地区创新型城市集群。重视创新型城市试点政策对产业协同集聚的影响，优化相应的政策设计，将产业协同性集聚纳入试点政策的指标体系中，使得创新型城市在促进生产性服务业产业集聚的同时，进一步兼顾制造业产业集聚，实现城市产业集聚协同发展。

第二，充分发挥创新型城市试点政策对于中国中西部地区制造业产业集聚与生产性服务业产业集聚的促进作用，实现中西部地区产业集聚的协同发展以及区域产业结构升级。重视中小城市在实施创新型城市试点政策过程中抑制制造业产业集聚、忽视生产性服务业产业集聚的行为，深化试点政策对中小规模城市生产性服务业产业集聚的促进作用，避免抑制制造业产业集聚。重点强化创新型城市试点政策实施在低等级城市的产业集聚效应，优先实现试点政策对生产性服务业产业集聚的促进作用，同时，适当提高低等级城市入选创新型城市的比例，最大化发挥创新型城市试点政策在低等级城市的产业集聚作用。在后续的城市创新政策制定与创新型城市建设上，应当充分考虑创新型城市间的空间相关性，同时，结合对应的地理邻近溢出模式，以政策指引通篇谋划创新型城市布局，并结合各城市群地理邻近溢出特征，实现创新型政策溢出与空间地理溢出的联动机制，制定合理有效的创新政策措施，推动城市经济高质量发展。

　　第三，针对创新型城市试点政策实施过程中不同创新要素投入的知识溢出特征，本书建议，强化高技术产业研发人员引进机制与综合研发人员筛选机制，以应对城市群内部由高技术产业研发人员稀缺性引发的创新人才投入的竞争性问题，以及由综合研发人员过度投入导致的与研发经费形成资源错配的问题。各城市群应当结合区域城市实际，构建具有针对性的高技术产业人员配给体系，以及由综合研发人员向高技术产业研发人员优化提升的流动体系，实现研发创新人员的合理配置，并结合地理邻近的空间溢出机制，实现高技术产业研发人员与综合研发人员的正向集聚与城市经济的持续发展。与此同时，结合城市产业集聚与产业结构升级的现状，通过构建有助于城市产业结构升级与知识密集型产业发展的制度环境与创新环境，加大创新型政策对科技研发人员、科技研发经费等技术创新要素的投入强度，为社会创新活动与产业结构升级提供强有力的创新政策支撑。重点完善创新人才引进机制，基于科技人力资本在创新机制中的重要作用，强化人才引进机制及人才环境建设，形成创新型人才虹吸效应。

　　第四，在分样本城市群的具体建议中，应当继续发挥地理邻近优势，在珠三角城市群创新要素投入促进城市经济发展的基础上，强化创新型城市试点政策的指引作用，以政策支持的形式助力珠三角城市群创新驱动发展。对于长三角城市群，应当注重地理邻近城市的研发创新人才投入情况，弱化创新人才的竞争性对城市经济发展的负向影响，合理配置各创新型城市的创新人才，优化人才要素与资本要素配置比例，避免因资源错配制约城市经济发展。对于京津冀城市群与长江中游城市群，应当继续保持当前的创新发展模式，实现稳中有进。对于下一阶段创新型城市试点政策的实施，本书建议按照各城市群对应的发展阶段，合理设计政策性人才引进机制、筛选机制与流动机制，重视创新要素与创新资源、创新环境的配置情况，避免要素投入的资源错配与区域不协调问题。在强化政策指引的同时，考虑邻近溢出效应，形成创新型政策联系与地理溢出的协同促进机制。

除此之外，受研究方法、统计模型、数据可得性等方面的制约，本书在三个方面仍存在不足：一是本书提出了创新型城市之间的政策联系与创新势能的概念，但尚未说明政策驱动的创新模式与传统的要素投入模式的具体差别；二是创新型城市试点政策作为一套统一的政策体系，虽在《建设创新型城市工作指引》中提出部分特色创新指标对创新型城市的差异化发展予以引导，但并不能对政策目标的异质性予以统计核算，也无法测算出城市类型对其产业集聚或全要素生产率提升与产业结构升级的影响；三是本书研究发现，创新型城市试点政策存在偏向性的产业集聚倾向，但基于目前试点政策的实施结果，尚不能够判断这种政策导向究竟是短期性的还是长期性的，还需要对政策的实施结果予以持续关注。

在未来的研究展望上，一是根据本书设定的研究目的与研究内容以及所选取的研究方法，期望能够通过研究探索对创新型城市试点政策实施以来，在城市创新要素资源投入、产业集聚、全要素生产率提升与产业结构升级上的经济效应进行了研究，这有助于未来的创新型城市试点政策的实践。目前的创新型城市试点政策的实施，实现了城市创新要素投入的产业集聚效应与知识溢出效应，若改变研发创新要素的配置情况，能否进一步提升试点政策的积极影响，尚不得而知，建议未来的政策制定可在此方面进行积极地探索；二是空间异质性作为区域经济学重要的研究内容，对于创新型城市的区域异质性以及各城市群的空间溢出异质性分析，是未来的研究重点。这对于继续推进差异化创新型城市试点政策工作，按照城市规模、城市等级、区位特征以及城市群特色，制定更符合城市与区域发展实际的创新型城市试点政策具有重要意义；三是创新型城市试点政策的实施与创新型城市的选取多集聚于中国东部沿海城市，相应地，在中西部地区尚未形成创新型城市集群，这对于比较分析试点政策实施内容的差异以及试点政策实施强度的不同造成了困难；四是新一批创新型城市名单即将发布，创新型城市试点政策将继续推进，我们将得到更多的政策实践经验。如何参考已有的创新型城市发展模式，并结合城市、区域与城市群特色进行政策设计与战略布局，利用创新型城市试点政策的空间溢出效应形成城市一体化的创新网络，指导未来的城市创新重点与优化方向，值得进一步研究。

参考文献

［1］白婧，冯晓阳．人力资本对产业结构高级化发展的实证检验［J］．统计与决策，2020，36（4）：67－71．

［2］白俊红，王钺，蒋伏心，李婧．研发要素流动、空间知识溢出与经济增长［J］．经济研究，2017，52（7）：109－123．

［3］蔡昉，林毅夫，张晓山，等．改革开放40年与中国经济发展［J］．经济学动态，2018（8）：4－17．

［4］蔡昉．中国经济改革效应分析——劳动力重新配置的视角［J］．经济研究，2017，52（7）：4－17．

［5］曹东，赵学涛，杨威杉．中国绿色经济发展和机制政策创新研究［J］．中国人口·资源与环境，2012，22（5）：48－54．

［6］陈昌兵．新时代我国经济高质量发展动力转换研究［J］．上海经济研究，2018（5）：16－24，41．

［7］陈冲，吴炜聪．消费结构升级与经济高质量发展：驱动机理与实证检验［J］．上海经济研究，2019（6）：59－71．

［8］陈浩，魏哲海．地方政府土地经营与产业结构升级——基于中国281个地级市数据的实证分析［J］．产经评论，2016，7（5）：18－29．

［9］陈立俊，王克强．中国城市化发展与产业结构关系的实证分析［J］．中国人口·资源与环境，2010，20（S1）：17－20．

［10］陈培如，冼国明，马骆茹．制度环境与中国对外直接投资——基于扩展边际的分析视角［J］．世界经济研究，2017（2）：50－61，136．

［11］陈诗一，陈登科．雾霾污染、政府治理与经济高质量发展

［J］．经济研究，2018，53（2）：20－34．

［12］陈潇潇，安同良．基于地方政府视角的创新型城市建设比较及启示［J］．经济问题探索，2016（8）：76－82．

［13］程郁，陈雪．创新驱动的经济增长——高新区全要素生产率增长的分解［J］．中国软科学，2013（11）：26－39．

［14］代明，王颖贤．创新型城市研究综述［J］．城市问题，2009（1）：94－98．

［15］戴宏伟，回莹．京津冀雾霾污染与产业结构、城镇化水平的空间效应研究［J］．经济理论与经济管理，2019（5）：4－19．

［16］丁焕峰．区域创新理论的形成与发展［J］．科技管理研究，2007（9）：18－21．

［17］董利红，严太华．制度质量、技术和人力资本投入与"资源诅咒"：基于我国省际面板数据的实证机理分析［J］．管理工程学报，2016，30（4）：18－24．

［18］杜德斌，段德忠，杨文龙，等．中国经济权力空间格局演化研究——基于国家间相互依存的敏感性与脆弱性分析［J］．地理学报，2016，71（10）：1741－1751．

［19］杜勇，邓旭．中国式融资融券与企业金融化——基于分批扩容的准自然实验［J］．财贸经济，2020，41（2）：69－83．

［20］段敏芳，徐凤辉，田恩舜．产业结构升级对就业的影响分析［J］．统计与决策，2011（14）：133－135．

［21］范斐，杜德斌，李恒，等．中国地级以上城市科技资源配置效率的时空格局［J］．地理学报，2013，68（10）：1331－1343．

［22］方创琳，马海涛，王振波，等．中国创新型城市建设的综合评估与空间格局分异［J］．地理学报，2014，69（4）：459－473．

［23］方颖，赵扬．寻找制度的工具变量：估计产权保护对中国经济增长的贡献［J］．经济研究，2011，46（5）：138－148．

［24］符淼．地理距离和技术外溢效应——对技术和经济集聚现象

的空间计量学解释 [J]. 经济学（季刊），2009，8（4）：1549 – 1566.

[25] 干春晖，郑若谷，余典范. 中国产业结构变迁对经济增长和波动的影响 [J]. 经济研究，2011，46（5）：4 – 16，31.

[26] 高安刚，张林. 国家高新区降低了资源型城市的资源依赖吗？——基于双重差分法的实证检验 [J]. 经济问题探索，2018（5）：127 – 138.

[27] 高培勇，杜创，刘霞辉，等. 高质量发展背景下的现代化经济体系建设：一个逻辑框架 [J]. 经济研究，2019，54（4）：4 – 17.

[28] 辜胜阻，杨嵋，庄芹芹，等. 创新驱动发展战略中建设创新型城市的战略思考——基于深圳创新发展模式的经验启示 [J]. 中国科技论坛，2016（9）：31 – 37.

[29] 谷慧玲. 工业集聚和城市化互动发展的国际经验及借鉴 [J]. 宏观经济管理，2012（7）：86 – 87.

[30] 韩峰，李玉双. 产业集聚、公共服务供给与城市规模扩张 [J]. 经济研究，2019，54（11）：149 – 164.

[31] 韩峰，阳立高. 生产性服务业集聚如何影响制造业结构升级？——一个集聚经济与熊彼特内生增长理论的综合框架 [J]. 管理世界，2020，36（2）：72 – 94.

[32] 韩永辉，黄亮雄，王贤彬. 产业政策推动地方产业结构升级了吗？——基于发展型地方政府的理论解释与实证检验 [J]. 经济研究，2017，52（8）：33 – 48.

[33] 何舜辉，杜德斌，焦美琪，等. 中国地级以上城市创新能力的时空格局演变及影响因素分析 [J]. 地理科学，2017，37（7）：1014 – 1022.

[34] 何鬼，黄巍，张福双. 增长极理论对黑龙江省贫困县金融服务中心建设的启示 [J]. 山西财经大学学报，2015，37（S1）：25 – 27.

[35] 贺小桐. 产学研合作对创新型城市发展的影响力研究 [D]. 安徽：中国科学技术大学，2014.

［36］洪银兴．科技创新与创新型经济［J］．管理世界，2011（7）：1－8．

［37］胡晓辉，杜德斌．科技创新城市的功能内涵、评价体系及判定标准［J］．经济地理，2011，31（10）：1625－1629，1650．

［38］胡艳，唐磊，蔡弘．城市群内部城市间竞争和合作对城市经济发展的影响——基于空间溢出效应对长三角城市群的实证检验［J］．西部论坛，2018，28（1）：76－83．

［39］胡钰．创新型城市建设的内涵、经验和途径［J］．中国软科学，2007（4）：32－38，56．

［40］胡兆廉，石大千．"溢出效应"抑或"污染效应"？——贸易自由化对工业二氧化硫排放的新视角与再测算［J］．统计研究，2019，36（12）：94－105．

［41］黄群慧，余泳泽，张松林．互联网发展与制造业生产率提升：内在机制与中国经验［J］．中国工业经济，2019（8）：5－23．

［42］黄溶冰，胡运权．产业结构有序度的测算方法——基于熵的视角［J］．中国管理科学，2006（1）：122－128．

［43］霍丽，惠宁．制度优势与创新型城市的形成［J］．学术月刊，2006（12）：59－65．

［44］江艇，孙鲲鹏，聂辉华．城市级别、全要素生产率和资源错配［J］．管理世界，2018，34（3）：38－50，77，183．

［45］焦敬娟，王姣娥，程珂．中国区域创新能力空间演化及其空间溢出效应［J］．经济地理，2017，37（9）：11 18．

［46］李廉水，鲍怡发，刘军．智能化对中国制造业全要素生产率的影响研究［J］．科学学研究，2020，38（4）：609－618，722．

［47］李琳，韩宝龙，李祖辉，张双武．创新型城市竞争力评价指标体系及实证研究——基于长沙与东部主要城市的比较分析［J］．经济地理，2011，31（2）：224－229，236．

［48］李瑞茜，白俊红．政府R&D资助对企业技术创新的影响——

基于门槛回归的实证研究 [J]. 中国经济问题, 2013 (3): 11 - 23.

[49] 李小平, 李小克. 偏向性技术进步与中国工业全要素生产率增长 [J]. 经济研究, 2018, 53 (10): 82 - 96.

[50] 李晓斌. 以产业转型升级推进新型城镇化的动力机制研究 [J]. 求实, 2015 (2): 59 - 64.

[51] 李晓阳, 鄢晓凤, 罗超平, 等. 长三角人口集聚与产业结构高级化的互动关系研究 [J]. 华东经济管理, 2019, 34 (1): 1 - 10.

[52] 李言, 高波, 雷红. 中国地区要素生产率的变迁: 1978 ~ 2016 [J]. 数量经济技术经济研究, 2018, 35 (10): 21 - 39.

[53] 李元旭, 曾铖. 政府规模、技术创新与高质量发展——基于企业家精神的中介作用研究 [J]. 复旦学报 (社会科学版), 2019, 61 (3): 155 - 166.

[54] 李政, 杨思莹. 科技创新、产业升级与经济增长: 互动机理与实证检验 [J]. 吉林大学社会科学学报, 2017, 57 (3): 41 - 52, 204 - 205.

[55] 林秀梅, 曹张龙. 中国生产性服务业集聚对产业结构升级的影响及其区域差异 [J]. 西安交通大学学报 (社会科学版), 2019, 40 (1): 30 - 37.

[56] 林毅夫. 发展战略、自生能力和经济收敛 [J]. 经济学 (季刊), 2002 (1): 269 - 300.

[57] 刘传江, 胡威. 外商直接投资提升了中国的碳生产率吗? ——基于空间面板 Durbin 模型的经验分析 [J]. 世界经济研究, 2016 (1): 99 - 109, 137.

[58] 刘纯彬, 杨仁发. 中国生产性服务业发展的影响因素研究——基于地区和行业面板数据的分析 [J]. 山西财经大学学报, 2013, 35 (4): 30 - 37, 48.

[59] 刘贯春, 段玉柱, 刘媛媛. 经济政策不确定性、资产可逆性与固定资产投资 [J]. 经济研究, 2019, 54 (8): 53 - 70.

［60］刘瑞明，赵仁杰．国家高新区推动了地区经济发展吗？——基于双重差分方法的验证［J］．管理世界，2015（8）：30－38．

［61］刘晔，张训常，蓝晓燕．国有企业混合所有制改革对全要素生产率的影响——基于 PSM－DID 方法的实证研究［J］．财政研究，2016（10）：63－75．

［62］刘勇政，李岩．中国的高速铁路建设与城市经济增长［J］．金融研究，2017（11）：18－33．

［63］马静，邓宏兵，张红．空间知识溢出视角下中国城市创新产出空间格局［J］．经济地理，2018，38（9）：96－104．

［64］马静．中国创新型城市识别研究［D］．武汉：中国地质大学，2017．

［65］马茹，张静，王宏伟．科技人才促进中国经济高质量发展了吗？——基于科技人才对全要素生产率增长效应的实证检验［J］．经济与管理研究，2019，40（5）：3－12．

［66］马忠新，陶一桃．企业家精神对经济增长的影响［J］．经济学动态，2019（8）：86－98．

［67］苗长虹．增长极概念的演化与区域发展重点的转变［J］．区域经济评论，2016（4）：7－9．

［68］倪鹏飞，白晶，杨旭．城市创新系统的关键因素及其影响机制——基于全球 436 个城市数据的结构化方程模型［J］．中国工业经济，2011（2）：16－25．

［69］聂飞，刘海云．对外直接投资、技术选择与企业生产效率［J］．当代财经，2017（4）：99－108．

［70］欧阳峣，生延超．城市化水平与产业结构调整的内在互动机制［J］．广州大学学报（社会科学版），2006（11）：47－51．

［71］潘宏亮．创新驱动引领产业转型升级的路径与对策［J］．经济纵横，2015（7）：40－43．

［72］彭国华．中国地区收入差距、全要素生产率及其收敛分析

[J]. 经济研究，2005（9）：19－29.

[73] 彭文斌，刘友金. 我国东中西三大区域经济差距的时空演变特征 [J]. 经济地理，2010，30（4）：574－578.

[74] 齐绍洲，林屾，崔静波. 环境权益交易市场能否诱发绿色创新？——基于我国上市公司绿色专利数据的证据 [J]. 经济研究，2018，53（12）：129－143.

[75] 钱雪松，康瑾，唐英伦，等. 产业政策、资本配置效率与企业全要素生产率——基于中国2009年十大产业振兴规划自然实验的经验研究 [J]. 中国工业经济，2018（8）：42－59.

[76] 乔彬，张蕊，雷春. 高铁效应、生产性服务业集聚与制造业升级 [J]. 经济评论，2019（6）：80－96.

[77] 任以胜，陆林，朱道才. 基于空间关联的长三角城市群空间溢出效应研究 [J]. 华东经济管理，2018，32（3）：74－82.

[78] 沈坤荣，金刚. 中国地方政府环境治理的政策效应——基于"河长制"演进的研究 [J]. 中国社会科学，2018（5）：92－115，206.

[79] 师博，张冰瑶. 新时代、新动能、新经济——当前中国经济高质量发展解析 [J]. 上海经济研究，2018（5）：25－33.

[80] 石忆邵，卜海燕. 创新型城市评价指标体系及其比较分析 [J]. 中国科技论坛，2008（1）：22－26.

[81] 苏海龙，武占云，周锐，等. 城市集聚效应的空间外部性研究——基于空间计量经济学的实证分析 [J]. 华中师范大学学报（自然科学版），2011，45（4）：648－654.

[82] 孙大明，原毅军. 空间外溢视角下的协同创新与区域产业升级 [J]. 统计研究，2019，36（10）：1－15.

[83] 孙广召，黄凯南. 高铁开通对全要素生产率增长率的异质性影响分析 [J]. 财经研究，2019，45（5）：84－98.

[84] 孙洁，姜兴坤. 科技人才对区域经济发展影响差异研究——基于东、中、西区域数据的对比分析 [J]. 广东社会科学，2014（2）：

15 – 21.

[85] 孙泗泉, 叶琪. 创新驱动制造业转型的作用机理与战略选择 [J]. 产业与科技论坛, 2015, 14 (2): 15 – 18.

[86] 唐为, 王媛. 行政区划调整与人口城市化: 来自撤县设区的经验证据 [J]. 经济研究, 2015, 50 (9): 72 – 85.

[87] 陶长琪, 彭永樟. 经济集聚下技术创新强度对产业结构升级的空间效应分析 [J]. 产业经济研究, 2017 (3): 91 – 103.

[88] 田伟. 中国人口红利与经济增长 [J]. 经济问题探索, 2018 (7): 10 – 19.

[89] 万坤扬, 陆文聪. 中国技术创新区域变化及其成因分析——基于面板数据的空间计量经济学模型 [J]. 科学学研究, 2010, 28 (10): 1582 – 1591.

[90] 王兵, 刘光天. 节能减排与中国绿色经济增长——基于全要素生产率的视角 [J]. 中国工业经济, 2015 (5): 57 – 69.

[91] 王秋影, 吴光莲, 庞瑞秋. 创新型城市与长春市创新能力评析 [J]. 经济地理, 2009, 29 (10): 1655 – 1660.

[92] 王少国. 我国经济增长、产业结构升级对城镇就业的影响分析 [J]. 当代财经, 2005 (7): 76 – 81, 85.

[93] 王小鲁. 中国城市化路径与城市规模的经济学分析 [J]. 经济研究, 2010, 45 (10): 20 – 32.

[94] 魏娟, 李敏. 产业结构演变促进城市化进程的实证分析——以江苏为例 [J]. 中国科技论坛, 2009 (11): 83 – 87.

[95] 魏先彪. 基于创新链的国家创新型城市发展模式与评估研究 [D]. 安徽: 中国科学技术大学, 2017.

[96] 邬滋. 集聚结构、知识溢出与区域创新绩效——基于空间计量的分析 [J]. 山西财经大学学报, 2010, 32 (3): 15 – 22.

[97] 吴海涛, 冉启英. 国际技术溢出对区域创新能力影响的实证检验 [J]. 统计与决策, 2019, 35 (12): 160 – 162.

［98］吴士炜，余文涛．环境税费、政府补贴与经济高质量发展——基于空间杜宾模型的实证研究［J］．宏观质量研究，2018，6（4）：18 - 31.

［99］武倩，冯涛．国家创新型城市建设的生产率效应［J］．现代经济探讨，2020（1）：79 - 84.

［100］谢伟伟，邓宏兵，王楠．地理邻近与技术邻近对区域创新的空间溢出效应研究［J］．华东经济管理，2019，33（7）：61 - 67.

［101］严成樑，龚六堂．R&D 规模、R&D 结构与经济增长［J］．南开经济研究，2013（2）：3 - 19.

［102］阎川，雷婕．财政分权对产业集聚影响的实证分析［J］．经济评论，2019（3）：104 - 122.

［103］杨冬梅，赵黎明，闫凌州．创新型城市：概念模型与发展模式［J］．科学学与科学技术管理，2006（8）：97 - 101.

［104］杨冬梅．创新型城市的理论与实证研究［D］．天津：天津大学，2006.

［105］杨海生，才国伟，李泽槟．政策不连续性与财政效率损失——来自地方官员变更的经验证据［J］．管理世界，2015（12）：12 - 23，187.

［106］杨华峰，邱丹，余艳．创新型城市的评价指标体系［J］．统计与决策，2007（11）：68 - 70.

［107］杨蕙馨，刘春玉．知识溢出效应与企业集聚定位决策［J］．中国工业经济，2005（12）：41 - 48.

［108］杨青峰．高技术产业地区研发创新效率的决定因素——基于随机前沿模型的实证分析［J］．管理评论，2013，25（6）：47 - 58.

［109］杨仁发．产业集聚与地区工资差距——基于我国 269 个城市的实证研究［J］．管理世界，2013：41 - 52.

［110］杨永全，付玢．创新推动传统制造业价值链升级［J］．管理观察，2017（31）：31 - 33.

[111] 叶裕民. 全国及各省区市全要素生产率的计算和分析 [J]. 经济学家, 2002 (3): 115 - 121.

[112] 易信, 刘凤良. 金融发展、技术创新与产业结构转型——多部门内生增长理论分析框架 [J]. 管理世界, 2015 (10): 24 - 39, 90.

[113] 殷德生, 吴虹仪, 金桩. 创新网络、知识溢出与高质量一体化发展长——来自长江三角洲城市群的证据 [J]. 上海经济研究, 2019 (11): 30 - 45.

[114] 于斌斌. 生产性服务业集聚如何促进产业结构升级？——基于集聚外部性与城市规模约束的实证分析 [J]. 经济社会体制比较, 2019 (2): 30 - 43.

[115] 余泳泽, 张先轸. 要素禀赋、适宜性创新模式选择与全要素生产率提升 [J]. 管理世界, 2015 (9): 13 - 31, 187.

[116] 余泳泽. 创新要素集聚、政府支持与科技创新效率——基于省域数据的空间面板计量分析 [J]. 经济评论, 2011 (2): 93 - 101.

[117] 袁富华. 长期增长过程的"结构性加速"与"结构性减速": 一种解释 [J]. 经济研究, 2012, 47 (3): 127 - 140.

[118] 袁航, 朱承亮. 国家高新区推动了中国产业结构转型升级吗？[J]. 中国工业经济, 2018 (8): 60 - 77.

[119] 曾繁华, 何启祥, 冯儒, 等. 创新驱动制造业转型升级机理及演化路径研究——基于全球价值链治理视角 [J]. 科技进步与对策, 2015, 32 (24): 45 - 50.

[120] 曾婧婧, 周丹萍. 区域特质、产业结构与城市创新绩效——基于创新型城市试点的准自然实验 [J]. 公共管理评论, 2019, 1 (3): 66 - 97.

[121] 张虎, 韩爱华. 制造业与生产性服务业耦合能否促进空间协调——基于285个城市数据的检验 [J]. 统计研究, 2019, 36 (1): 39 - 50.

[122] 张杰, 郑文平. 创新追赶战略抑制了中国专利质量么？[J].

经济研究，2018，53（5）：28－41.

［123］张军，吴桂英，张吉鹏. 中国省际物质资本存量估算：1952—2000［J］. 经济研究，2004（10）：35－44.

［124］张文雷，姜照华，李苗苗，等. 科技体制与创新型城市模式——对我国16座城市的分析［J］. 科技进步与对策，2010，27（11）：51－55.

［125］张永旺，宋林. 技术引进、自主创新与出口技术含量——兼论技术引进向自主创新的过程转变［J］. 软科学，2019，33（5）：41－44，50.

［126］赵建军，贾鑫晶. 智慧城市建设能否推动城市产业结构转型升级？——基于中国285个地级市的"准自然实验"［J］. 产经评论，2019，10（5）：46－60.

［127］赵曦，司林杰. 城市群内部"积极竞争"与"消极合作"行为分析——基于晋升博弈模型的实证研究［J］. 经济评论，2013（5）：80－89.

［128］赵勇，白永秀. 知识溢出：一个文献综述［J］. 经济研究，2009，44（1）：144－156.

［129］周灿，曾刚，曹贤忠. 中国城市创新网络结构与创新能力研究［J］. 地理研究，2017，36（7）：1297－1308.

［130］周锐波，刘叶子，杨卓文. 中国城市创新能力的时空演化及溢出效应［J］. 经济地理，2019，39（4）：1－18.

［131］Aghion P. , Jones B. F. , Jones C. I. , et al. Artificial intelligence and economic growth［J］. National Bureau of Economic Research，2017：237－282.

［132］Audretsch D. B. , Acs Z. J. , Lehmann E. E. The knowledge spillover theory of entrepreneurship［J］. Small Business Economics，2013，41（4）：143－151.

［133］Audretsch D. B. R&D spillovers and the geography of innovation and production［J］. American Economic Review，1996，83（3）：630－

640.

[134] Banerjee A. V. , Duflo E. Growth theory through the lens of development economics [J]. Handbook of Economic Growth, 2005, 1 (5): 473 – 552.

[135] Beck T. , Levkov R. L. Big bad banks? the winners and losers from bank deregulation in the United States [J]. Journal of Finance, 2010, 65 (5): 1637 – 1667.

[136] Brenner N. , Schmid C. Towards a new epistemology of the urban? [J]. City, 2015, 19 (2 – 3): 151 – 182.

[137] Broekel T. , Fornahl D. , Morrison A. Another cluster premium: innovation subsidies and R&D collaboration networks [J]. Research Policy, 2015, 44 (8): 1431 – 1444.

[138] Diego M. L. , Manuel P. M. Breaking with the past in smart specialisation: a new model of selection of business stakeholders within the entrepreneurial process of discovery [J]. Journal of the Knowledge Economy, 2019, 10 (4): 1643 – 1656.

[139] Duarte M. , Restuccia D. The role of the structural transformation in aggregate productivity [C] Meeting Papers. Society for Economic Dynamics, 2010: 125.

[140] Farla K. Industrial policy for growth [J]. Merit Working Papers, 2014, 39 (3): 1 – 26.

[141] Flanagan K. , Uyarra E. , Laranja M. Reconceptualising the "policy mix" for innovation [J]. Research Policy, 2011, 40 (5): 702 – 713.

[142] Florida F. R. The geographic sources of innovation: technological infrastructure and product innovation in the United States [J]. Annals of the Association of American Geographers, 2015, 82 (2): 210 – 229.

[143] Garcia Marin A. , Voigtländer, Nico. Exporting and plant-level efficiency gains: it's in the measure [J]. Journal of Political Economy, 2019, 127 (4): 1777 – 1825.

［144］ Grilli L. , Murtinu S. Econometric evaluation of public policies for science and innovation: a brief guide to practice ［J］. Socialence Electronic Publishing, 2011: 261 – 294.

［145］ Gu W. Accounting for slower productivity growth in the Canadian business sector after 2000: do measurement issues matter? ［J］. International Productivity Monitor, 2018: 28 – 53.

［146］ Helsley R. W. , Strange W. C. , et al. Coagglomeration, clusters, and the scale and composition of cities. ［J］ Journal of Political Economy, 2014, 122 (5): 1064 – 1093.

［147］ Hermelin, Rusten, et al. The organizational and territorial changes of services in a globalized world ［J］. Geografiska Annaler: Series B, Human Geography, 2007, 89: 5 – 11.

［148］ Hospers G. J. Creative cities: breeding places in the knowledge economy ［J］. Knowledge Technology & Policy, 2003, 16 (3): 143 – 162.

［149］ Jacobs J. The economy of cities ［M］. Random House, 1969.

［150］ Jeon Y. , Park B. I. , Ghauri P. N. Foreign direct investment spillover effects in China: are they different across industries with different technological levels? ［J］. China Economic Review, 2013, 26: 105 – 117.

［151］ Kallioras D. , Petrakos G. Industrial growth, integration and structural change: evidence from the European Union New Member-States' Regions ［J］. The Annals of Regionalence, 2010, 45 (3): 667 – 680.

［152］ Klepper S. The origin and growth of industry clusters: the making of Silicon Valley and Detroit ［J］. Journal of Urban Economics, 2010, 67 (1): 15 – 32.

［153］ Kline P. , Moretti E. Local economic development, agglomeration economies, and the big push: 100 years of evidence from the Tennessee Valley Authority ［J］. CEPR Discussion Papers, 2014, 129 (1): 275 – 331.

［154］ Kuznetsova O. , Kuznetsova S. , Yumaev E. , et al. Formation and development of the training system for innovative development of regional industry [J]. Web of Conferences, 2017, 15: 4 – 19.

[155] Lakhera M. L. . Growth and structural transformation—major Asian Countries' experiences Economic Growth in Developing Countries [M]. Palgrave Macmillan UK, 2016.

[156] Landry C. The creative city: a toolkit for urban innovators [J]. Community Development Journal, 2008, 36 (2): 165 – 167.

[157] Lever W. F. The knowledge base, innovation and urban economic growth [M]. The Emergence of the Knowledge Economy, 2002: 121 – 138.

[158] Lijuan Z. , Yuxi Z. The effect of science and technological resources on agricultural science and technology innovation [J]. Boletin Technical Bulletin, 2017, 55 (4): 531 – 535.

[159] Ljungwall C. , Tingvall P. G. Is China different? a meta-analysis of the growth-enhancing effect from R&D spending in China [J]. China Economic Review, 2015, 36: 272 – 278.

[160] Marshall A. The principles of economics [J]. History of Economic Thought Books, 1992: 58 – 67.

[161] Mora L. , Deakin M. , Reid A. Strategic principles for smart city development: a multiple case study analysis of European best practices [J]. Technological Forecasting and Social Change, 2019, 142: 70 – 97.

[162] Naphade M. , Banavar G. , Harrison C. , et al. Smarter cities and their innovation challenges [J]. Computer, 2011, 44 (6): 32 – 39.

[163] Nunn N. , Qian N. US food aid and civil conflict [J]. American Economic Review, 2014, 104 (6): 1630 – 1666.

[164] Ogbolu, Michael N. , Singh, Robert P. Addressing the recession through public policies aimed at entrepreneurial new venture creation [J]. Journal of the Academy of Business & Economics, 2012: 193 – 212.

[165] O'Brien C. M. . Introduction to spatial econometrics by James LeSage, Robert Kelley Pace [J]. Blackwell Publishing Ltd, 2009, 77 (3): 472.

[166] O'Connor M. J. , Halaschek – Wiener C. , Musen M. A. . Mapping master: A flexible approach for mapping spreadsheets to OWL [C]. Springer Berlin Heidelberg, 2010: 194 – 208.

[167] Peeters D. Space and economics: an introduction to regional economics [J]. European Review of Agricultural Economics, 2011: 163 – 165.

[168] Potter H. D. Watts. Evolutionary agglomeration theory: increasing returns, diminishing returns, and the industry life cycle [J]. Journal of Economic Geography, 2011, 11 (3): 417 – 455.

[169] Reeves A. , Mckee M. , Mackenbach J. , et al. Introduction of a national minimum wage reduced depressive symptoms in low-wage workers: a quasi-natural experiment in the UK [J]. Health Economics, 2017, 26 (5): 639 – 648.

[170] Rodriguez M. Innovation, knowledge spillovers and high – tech services in European regions [J]. Engineering Economics, 2014, 25 (1): 31 – 39.

[171] Shang Q. , Poon J. P. H. , Yue Q. The role of regional knowledge spillovers on China's innovation [J]. China Economic Review, 2012, 23 (4): 1164 – 1175.

[172] Solow R. M. Technical change and aggregate production function [J]. Review of Economics & Stats, 1957: 312 – 320.

[173] Thomas P. , James G. , Edward N. , et al. Research on urbanization in the developing world: New directions [J]. Journal of Political Ecology, 2003: 69 – 78.

[174] Waters N. Tobler's first law of geography [M]. International Encyclopedia of Geography: American Cancer Society, 2017.

[175] Yeldan, Erinç. Endogenous technological change [J]. Socialence Electronic Publishing, 2016, 71 – 102.

[176] Zoltan J. Acs. Innovation and the growth of cities [J]. Growth & Change, 2010, 581 – 583.